本书得到山东社会科学院出版基金、山东社会科学院博士专项项目、山东社会科学院青年科研项目、山东省软科学重点项目"山东省金融支持企业科技创新的效果与政策体系构建研究"（项目编号：2020RZC23004）的资助

企业技术创新中的融资问题研究

孙灵燕　著

中国社会科学出版社

图书在版编目（CIP）数据

企业技术创新中的融资问题研究/孙灵燕著. —北京：
中国社会科学出版社，2021.11
ISBN 978 - 7 - 5203 - 9316 - 4

Ⅰ. ①企…　Ⅱ. ①孙…　Ⅲ. ①企业创新—研究—中国
②企业融资—研究—中国　Ⅳ. ①F279.23

中国版本图书馆 CIP 数据核字（2021）第 227016 号

出 版 人	赵剑英
责任编辑	李庆红
责任校对	赵雪姣
责任印制	王　超

出　　版	中国社会科学出版社
社　　址	北京鼓楼西大街甲 158 号
邮　　编	100720
网　　址	http：//www. csspw. cn
发 行 部	010 – 84083685
门 市 部	010 – 84029450
经　　销	新华书店及其他书店

印　　刷	北京君升印刷有限公司
装　　订	廊坊市广阳区广增装订厂
版　　次	2021 年 11 月第 1 版
印　　次	2021 年 11 月第 1 次印刷

开　　本	710×1000　1/16
印　　张	8.25
插　　页	2
字　　数	105 千字
定　　价	48.00 元

凡购买中国社会科学出版社图书，如有质量问题请与本社营销中心联系调换
电话：010 – 84083683

前　言

　　资金是企业技术创新的重要资源，资源整合与效率优化则是企业持续创新和发展的动力与源泉，创新中的融资渠道选择及效率优化所产生的作用举足轻重。党中央始终强调技术创新在经济社会发展中的重要作用，并将技术创新作为实体经济发展的重要原动力。在全面实施创新驱动发展战略以及利率市场化下融资成本高企的大背景下，如何将有限的创新融资资源有效地配置和优化，直接关系着企业的创新驱动发展和国家创新体系的构建，并成为刻不容缓的重要课题。对此，本书采取理论与实证相结合的方式，探讨融资对于企业技术创新的影响，旨在为企业更好地利用融资资源提升创新效率提供必要的理论和实践支持。

　　本书共分为八个部分。第一章提给出本书的研究背景及意义，并就融资以及不同渠道融资影响企业技术创新的研究进行综述，最后提出研究思路与基本结构。第二章主要是以山东省实地调研数据为例，说明目前国内企业技术创新存在的融资约束问题，分析融资支持企业技术创新的成效与制约因素等，为研究提供必要的现实背景。第三章主要从历史演进的角度详细探讨科技创新理论和金融发展理论，并运用演绎推理方法，重点阐述融资影响企业技术创新的理论基础和作用机制。第四章和第五章分别使用宏观数据和微观数据研究融资对企业技术创新的影响，考虑到金融资源的稀缺性，深入探讨融资影响企业技术创新的门槛值。第六章使用样本分组的方法，检验融资效率对企业技术创新的影响。第七章为发达国家融资支持企业技术创新的借鉴与启示。第八章总结全书并给出政策建议。

本书的主要观点和结论如下。

第一，通过设计调研问卷对山东融资支持企业技术创新现状进行实地调研，发现：银行与创新企业的有限能力及信息不对称，制约着科技金融进一步融合的广度与深度；政策性风险补偿机制不健全，财政资金配置效率有待提升，压减了金融支持科技创新的空间；社会中介服务体系不完善，导致促进科技金融有效融合的"润滑剂"缺力；多层次资本市场融资渠道有待拓宽，风险投资发展缓慢，制约科技金融融合的速度、质量与效益；系统性的协同配套体系不健全，致使科技金融深度融合的基础薄弱。

第二，通过对融资促进企业技术创新的资本形成机制、风险分散机制、信息揭示机制和激励约束机制的阐释，本书认为：（1）创新活动的高投入、高风险特征，凸显融资促进企业技术创新的资本形成机制和风险分散机制的重要性。（2）由于科技创新活动中的信息更多的是软信息，因此相比大银行，小银行在信息揭示机制上具有相对优势，更适应科技创新的需要。（3）金融市场促进科技创新的激励机制体现为资本市场能够有效地定价人力资本，从而激发科技人员的积极性，进而促进科技创新活动的发展。

第三，基于宏观和微观层面数据研究的实证结果显示，融资是影响企业技术创新的重要因素。企业因具有不同特征，融资需求不尽相同，资源的稀缺性对创新融资资源的有效配置提出了效率要求。融资对不同区域、不同行业、不同所有制企业技术创新产生的绩效存在差异。以银行贷款为主的间接融资对中部地区的技术创新具有更加显著的正向促进效应；相对于轻工业企业来说，间接融资对重工业企业的技术创新影响更明显；银行发达地区的工业企业比非工业企业的各种专利产出更多；民营企业对间接融资更加敏感，银行支持力度越大，企业的发明专利、实用新型专利、外观设计专利和全部专利产出更多。企业技术创新的融资资源存在优化效率的门槛值，融资对企业技术创新的激励作用呈现非线性变化。

第四，融资效率影响企业技术创新。银行竞争度越低，则创新产出越少，也就是说，间接融资效率的提升有助于创新产出增加。同时，分组检验来看，银行竞争对企业技术创新在西部地区和中部地区尤其是中部地区有显著影响。工业企业相比于非工业企业而言，银行越集中，竞争度越低，企业技术创新能力越弱，而工业企业中重工业企业的结果更显著。相比非国有企业，国有企业的技术创新和银行的集中度呈现更明显的负向关系。

第五，选取美国、欧盟、日本等发达国家和地区，总结其融资支持科技创新的国际经验，得出四点重要启示：（1）风险投资的核心在于风险补偿机制的建立和退出机制的完善；（2）银行间接融资的核心在于担保等风险分担机制的完善和银行对企业运营的深度介入；（3）多层次资本市场发展的核心在于成熟的产业基础；（4）政策性金融的核心在于明晰的市场定位和政府、市场双向的风险补偿。

第六，根据理论和实证结果，从融资资源配置角度推动我国企业技术创新驱动发展的主要对策措施有：依据企业特征、所在行业以及区域的不同确立融资渠道的选择，进而优化配置创新融资资源，推动企业技术创新。关注融资对企业技术创新激励作用的非线性变化，合理选择融资资源配置强度，进而提高创新资金使用效率，推动企业技术创新。具体包括充分发挥政府对科技创新融资体系的支持作用；构建多元化融资体系，完善科技投入机制；建立完善的创新资本循环和退出机制；注重创新资金配置和使用效率的提高；促进银行间竞争提升企业融资效率等。

本书力求在以下几个方面实现创新。

第一，本书特别关注企业技术创新中的融资资源合理配置问题，同时注重对创新融资资源的多渠道性、创新企业的不同特征的思考，就有效配置融资资源推进企业技术创新驱动发展问题进行了系统、综合地阐述。有助于丰富企业技术创新的相关研究。

第二，通过引入更为合理的控制变量，利用更可靠的微观数据集，对企业技术创新中的融资问题进行实证检验，既能弥补相关研究的缺乏，又可为政府主管部门决策提供坚实的理论和实证支撑。

第三，在全面实施创新驱动发展战略的背景下，从企业需求出发，基于融资资源有效整合视角，设计出符合国情、切实可行、成体系化的推动企业技术创新能力培育的对策措施，真正将研究落实到应用上。

当然，本书的研究还存在着一些缺点和不足，有待今后进一步完善和研究。在理论机制探讨中，对融资影响企业技术创新的系统关系剖析的深度不够，涉及面不够广泛，也缺乏理论模型的支撑。在论证过程中，受限于国内相关数据库较难获得，尤其是企业技术创新融资数据的匮乏，本书在问题阐述过程中，还存在一定的不足。研究主要是从宏观层面基于创新金融资源等外源融资的思考，特别是银行机构贷款的分析，并没有就企业技术创新融资资源进行全面分析和系统考究。调研侧重于现实问题的思考与总结分析，并没有就当前山东省融资影响企业技术创新能力培育的作用以及贡献度进行计量测度。在以后的研究过程中，我们将进一步加大实地调研，尽可能多地获取和借助微观层面数据，充实理论研究，并详细考察企业技术创新融资来源、不同渠道融资影响企业技术创新的作用大小、融资资源配置效率的提高等问题，使研究结论更为客观和具有针对性。

目　录

第一章 导论

第一节 本书的研究背景及意义

资金是企业技术创新的重要资源，资源整合与效率优化则是企业持续创新和发展的动力与源泉，于是创新中的融资渠道选择及效率优化所产生的作用举足轻重。党中央始终强调技术创新在经济社会发展中的重要作用，并将技术创新作为实体经济发展的重要原动力。在全面实施创新驱动发展战略以及利率市场化下融资成本高企的大背景下，如何将有限的创新融资资源有效地配置和优化，直接关系着企业的创新驱动发展和国家创新体系的构建，并成为刻不容缓的重要课题。

本书的研究价值在于，为企业技术创新融资资源合理配置提供理论支持。本书基于企业需求，深入剖析创新融资资源有效配置问题，对丰富企业技术创新理论、发挥资源配置的市场主导作用具有重要价值。为有效配置资源、推动企业技术创新驱动提供方法论指导。本书在全面实施创新驱动发展战略的背景下，在理论分析的基础上，发现企业技术创新的融资规律，对于提高资金使用效率、培育企业技术创新能力具有重要指导价值。

本书的研究意义在于，在理论上，揭示我国创新体系中存在的企业融资约束问题，强调资源稀缺性，重视企业特征不同带来的融资需求的差异，有助于丰富和完善融资影响企业技术创新的研究体系，拓展研究思路和角度。在实践上，近年来我国加快实施创新驱动发展战略，与此同时，利率市场正快速推进，企业融资成本居高不下，为了提高创新融资资源绩效，有必要对我国企业技术创新的融资渠道选择及效率优化实践进行探索并提供相应指导，这对于企业有效突破融资困境，尽快培育创新能力具有重要的现实意义。

第二节　国内外研究现状

一　融资对企业技术创新的影响

近年来，国内外学者就融资影响企业技术创新问题进行了一系列探讨。企业的创新活动由于高风险高投入的特征离不开大量资金投入，在企业技术创新投入中，内源融资是企业技术创新活动的主要资金来源。然而，如果创新企业完全借助内部资金开展创新活动，则可能由于企业运转等情况带来创新资金投入的不确定性和不稳定性，不利于企业技术创新（解维敏、方红星，2011）。外源融资约束的缓解，可以为企业的创新提供内源融资之外的资金保证，进而降低创新活动面临的资金压力，促进企业技术创新活动的进行（Cull & Xu，2005）。Baldwin（2002）通过控制行业和企业变量，计量发现大部分企业在投资研发活动过程中，资本结构呈现债务密度低的特点，某种程度上表明，企业的创新活动更多来源于内部资金。Elisa（2007）、Czarnitzki 和 Hottenrott（2011）的研究也得出相同结论。Fryges 等（2011）在检验债务融资和 R&D 相互依赖关系时，发现企业 R&D 密集度和贷款融资存在正向依赖关系。可见，融资约束减少了企业开展创新活动的可能性。Brown 等（2009）、唐清泉等（2010）、张杰等（2012）也通过计量分析为融资约束影响企业技术创新活动提供了经验证据。

二　不同渠道融资对企业技术创新的影响

企业的研发和创新行为具有较高的风险和不确定性，需要大量的资金投入，因此融资在企业技术创新能力提升过程中产生了重要作用（解维敏、方红星，2011）。近年来，国内外学者基于融资渠道视角就创新的融资问题进行了一系列探讨。

（一）单一融资渠道视角

一是强调自有资金特别是现金流是创新融资的主要来源。如Baldwin（2002）、Brown等（2009）、李强和曾勇（2009）等。二是研究直接融资渠道对创新的影响。Carpenter和Petersen（2002）认为，股权融资在企业技术创新的过程中具有更显著的作用；Kortum和Lerner（2010）实证检验了风险资本对技术创新的贡献度。三是研究金融机构贷款等间接融资渠道对创新的影响。Colombo和Grilli（2007）、Gatti和Love（2008）分别使用不同样本就金融机构贷款对企业技术创新的影响进行了实证检验，结果表明金融机构贷款可以提升企业技术创新水平。四是研究政府资助对创新的影响。一种观点认为政府资助直接对企业研发提供了财政支持，有助于减少企业技术创新的成本，降低企业的研发风险，对企业的技术创新有着明显的"激励"作用（如Lach，2002；朱平芳和徐伟民，2003；Harris和Trainor，2005；Czarnitzki和Hottenrott，2006等）。另一种观点则认为政府资助会对企业研发产生一定"挤出"效应（程华等，2009）。五是研究外商直接投资对创新的影响。一种观点认为FDI对东道国创新能力的提升产生了显著的促进作用，如Lutz和Talavera（2004）、孙文杰和沈坤荣（2007）、刘星和赵红（2009）等。另一种观点则认为FDI并未带动创新能力的提升，如张海洋（2008）的研究。而Aitken和Harrison（1999）却发现FDI对国内企业的研发存在负面影响。

（二）多融资渠道比较视角

Griliches（1979）指出如果资金的使用目的相同，那么不同来源的资金所产生的效果并不会存在差别。但是更多观点支持不同来源的研发资金因对企业研发具有不同的监督和激励效用，从而对企业研发效率产生不同效用（Huang和Xu，1998）。基于此，国内学者就不同融资渠道影响创新的问题进行了相关研究，鉴于数据可获得性，来自宏观和行业层面的研究较多，如林毅夫等（2003）从宏观层面比较了直接融资和间接融资对企业技术创新的不同影响，认为当行业的平均规模较小、集中度较低时，以资本市场为主的直接融资更加有利于企业技术创新，相反，以银行为主的间接融资更加有利于企业技术创新。何国华等（2011）也就直接融资与间接融资对企业技术创新的作用进行了比较研究，但是他们更为强调不同融资渠道对创新影响的绩效差异，另外，章棋元（2008）、梁莱歆和张焕凤（2005）、刘军峰（2010）、孙早和肖立平（2016）、胡金焱（2019）也有类似研究。

综合而言，目前针对融资影响企业技术创新的相关研究，主要集中在某一种融资渠道的影响，而关于不同融资渠道影响企业技术创新绩效的比较研究中，较少关注企业特征不同所带来的融资需求的差异，导致研究结论不尽相同，进而难以发现企业技术创新"融资渠道选择"的内在规律，更进一步地，较少有文献考虑资源稀缺性，确定创新资金效率最大化的"最优融资规模"。同时，关于企业技术创新多融资渠道的比较研究，来自微观层面的证据较少，这必然引起企业特征的遗失与忽略，难以客观反映企业的真实需求。因此，从宏观和微观两个层面全面考察企业技术创新中的融资作用及效率优化问题，无疑对有效配置创新融资资源，推进创新驱动发展具有重要意义。

第三节　研究思路与结构安排

一　研究思路

本书立足全面实施创新驱动发展战略的背景，基于企业融资需求视角，着眼于企业技术创新中的资金配置效率提升，目的是培育我国企业技术创新能力，推进创新驱动发展。具体而言，理论阐述企业的融资需求以及融资影响创新的作用机制，在此基础上，采用理论与实证相结合的方法，分析企业技术创新中的融资问题，最终试图确立有效配置融资资源推动企业技术创新的有针对性的对策体系。

在研究方法上，本书不仅借助抽象思维进行逻辑推理和文字演绎，同时借助数学手段构建理论模型得到有关结论。基于山东企业融资实地调研结果以及融资影响企业技术创新的理论分析，运用地级市数据和上市公司微观数据，注意对各种控制变量的控制，采用样本分组、面板数据模型进行融资影响技术创新的实证检验；注重各个经验研究的关联性，对各个研究结论进行相互对比和结合，确立企业技术创新融资资源的选择，并使用 Rajan 和 Zingales（1998）"交叉项"研究方法进一步佐证，以得出更为准确和更为全面的结论；借助 Caner 和 Hansen（2004）的门限回归模型，企图发现融资影响企业技术创新的非线性关系，进而依据"门槛值"合理配置融资资源规模，优化资金使用效率，最后提出相应的政策性建议。

二　结构安排

本书共分为八章，按照以下的顺序进行章节安排。其中，第一章是导论，第二章至第六章构成本书的主体，第七章是发达国家融资支持企业技术创新的借鉴与启示，第八章为结论与政策建议。

第二章为企业技术创新中的融资现状。主要以山东省实地调研数据为例，说明目前国内企业技术创新存在的融资约束问题，分析融资支持企业技术创新的成效与制约因素等，尤其关注企业融资中面临的"配置错位与效率低下"问题，为研究提供必要的现实背景。

第三章为融资影响企业技术创新的理论剖析。重点阐述融资影响企业技术创新的理论基础和作用机制，主要从历史演进的角度阐述科技创新理论（包括熊彼特创新理论、技术创新理论、制度创新理论以及创新系统理论）和金融发展理论（包括金融结构理论、金融中介理论、金融约束理论等），并运用演绎推理方法，详细描述融资影响企业技术创新能力培育的资本形成机制、风险分散机制、信息揭示机制和激励约束机制，为后续研究奠定理论基础。

第四章宏观数据下融资对企业技术创新的影响。选取 2007—2017 年地级市数据为样本，基于我国金融体系以银行为主导的事实，重点分析间接融资对企业技术创新的影响。同时，借鉴 Rajan 和 Zingales（1998）的实证检验中的"交叉项"方法，就研究结论进行进一步验证。

第五章微观数据下融资对企业技术创新的影响。为使融资影响企业技术创新的研究结论和政策启示更为丰富，我们进一步使用 2007—2015 年上市公司微观数据，就融资影响企业技术创新的作用进行测度和检验，并通过样本分组的方法，将企业划分为不同区域、不同行业和不同所有制，以较为综合地实证检验融资影响企业技术创新的绩效差异，并进行比较。同时，考虑到金融资源的稀缺性，探讨融资影响企业技术创新的门槛值。

第六章检验融资效率对企业技术创新的影响。利用 2007—2017 年的上市公司数据，使用银行竞争度指标说明间接融资的效率，进而探讨融资效率对企业技术创新产生的影响。同时，为使回归结果更为稳健，我们将企业按照地理关系划分为东部地区企业、中部地区企业和西部地区企业，进一步将行业划分为工业企业和非工业企业，工业企业中再次细分为重工业企业和轻工业企业，将企业按照所有权性质划分为国有企业和非国有企业等多个角度分别验证融资效率对企业技术创新的影响。

第七章为发达国家融资支持企业技术创新的借鉴与启示。这些借鉴包括发达、有效的风险投资市场是技术创新的主要资金支撑；股权融资和贷款证券化是创新型企业从商业银行融资成功的关键；丰富活跃的资本市场是科技型创新企业融资成功的基础；政策性金融有利于形成技术创新投入诱导机制。最后，总结并梳理发达国家融资资源支持企业技术创新实践对我国的启示。

第八章为有效配置融资资源推动企业技术创新的对策。在深入剖析融资影响企业技术创新的作用机制以及融资影响企业技术创新实证检验相关结论的基础上，结合企业特征、所在行业以及区域差异提出有效配置融资资源推动企业技术创新发展的政策建议。

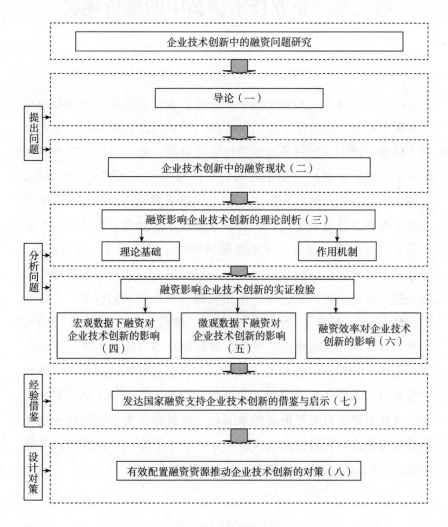

图 1-1 各章逻辑结构

第二章　企业技术创新中的融资现状

2013—2014 年为开展融资影响企业技术创新的研究，课题组在山东省金融办、科技厅、经信委等部门的协助下，先后赴山东省烟台、威海、济宁、德州等地市进行实地调研，通过设计并发放调研问卷的形式，针对科技型企业的创新情况进行了系统全面的调研，了解企业技术创新和融资情况。调查问卷主要分为两个部分，企业基本情况和企业融资情况，内容涉及企业生产经营基本情况，企业的基本财务报表，企业技术创新融资来源、融资成本、融资环境，企业技术创新中面临的融资问题与融资困境，企业技术创新融资实际操作等具体内容，通过各地市相关部门帮助与共同收集，最终获得烟台 62 份、威海 31 份、济宁 19 份、德州 25 份共计 137 份调研数据，同时，在实地调研过程中，课题组还通过座谈、进入企业走访等形式，获取企业技术创新融资情况等相关资料。因此，本部分主要是以山东省实地调研数据为基础，结合山东金融发展状况，说明企业技术创新存在的融资约束问题，分析融资支持企业技术创新的成效与制约因素等，尤其关注企业融资中面临的"配置错位与效率低下"问题，为本研究提供必要的现实背景。

第一节　山东金融发展与改革现状

近年来，随着国内经济的增长金融业得到快速发展。从金融业增加值占 GDP 的比重来看，2005 年为 4%，2016 年攀升到 8.4%，

2018 年为 7.68%，这一数值一度仅次于以金融业和航运业为经济支柱的新加坡，并超过美国、日本等多数发达国家。但是，从现实来看，目前金融供给侧结构性改革中存在融资难、融资贵、脱实向虚、金融乱象等问题，进而影响金融支持实体经济的效果。

一　山东金融发展现状

2018 年，山东省深入落实习近平总书记视察山东省重要讲话、重要指示批示精神，系统部署和积极实施新旧动能转换重大工程，在中美贸易摩擦升级的复杂国际环境下，经济发展坚持以供给侧结构性改革为主线，产业结构持续优化，物价与就业整体稳定，经济运行呈现总体平稳、稳中有进的局面。其中，金融市场运行稳定为经济平稳奠定了良好的基础。山东省金融政策密切围绕新旧动能转换重大工程，加大"服务实体经济、防控金融风险、深化金融改革"工作力度，一方面有效化解金融风险、推进金融改革创新，另一方面聚焦十强产业领域①推动产业结构优化，通过强化项目融资对接、加大金融产品创新、拓宽直接融资渠道、加快发展科技金融、创新开展金融服务等一系列措施，有效释放政策红利，集聚形成政策合力，全省金融支持新旧动能转换重大工程取得突出成效。

2018 年山东省有效落实稳健货币政策，总体而言，金融通过加强支持经济发展重点领域和经济发展薄弱环节，推动服务实体经济发展。全省各项贷款呈现平稳增长态势，内部信贷结构得到进一步优化，跨境人民币业务保持持续增长势头，通过资本市场获取资金的融资能力得到增强，外汇管理工作继续为涉外经济提供有效助力，保险市场继续通过发挥保障功能保障经济健康运行。2018 年，山东省金融运行延续良好态势。山东省社会融资规模为 112908.3 亿元，同比增速为 8.6%，基本与名义 GPD 增速相匹配，既推动经济结构优化的高质量发展，又避免经济泡沫甚至金融风险。融资渠道

---

① 新一代信息技术、高端装备、新能源新材料、现代海洋、医养健康、绿色化工、现代高效农业、文化创意、精品旅游、现代金融。

更趋多元化，融资结构进一步优化。2018 年全省 25 家上市公司再融资规模 262.7 亿元。2018 年山东省直接融资占社会融资规模的比重由 2017 年的 8.4% 提升至 2018 年的 17.3%。相比之下，2018 年表外融资占比较 2017 年明显下降 36.7 个百分点，金融脱实向虚的问题得到明显改善。

各项存款低位企稳，实现小幅增长。2018 年年末，山东省本外币各项存款余额 96412.7 亿元，同比增长 5.9%，较 2017 年回落 0.3 个百分点。分结构来看，不同部门存款变化呈现明显分化。非金融企业存款 2018 年年末余额为 29379.1 亿元，同比下降 0.3%，较 2017 年回落 5.4 个百分点。相比之下，居民部门存款余额则出现明显回升，同比增长 9.9%，较 2017 年提升 3.5 个百分点，主要原因是购买支出以及理财市场分流效应下降。2018 年全国商品房同比增长 12.2%，较 2017 年回落 1.5 个百分点。2018 年 P2P 等理财产品风险频出，居民理财风险偏好下降从而导致部分重新回流到银行存款。

各项贷款保持较快增长。2018 年年末，山东省本外币贷款余额 77810.5 亿元，比年初增加 6817.6 亿元，创出历史新高，贷款余额同比增长 9.8%。全年贷款增速呈现先低后高的走势，第二季度之后，在稳经济政策推动下，贷款增速开始企稳回升。分部门来看，由于企业经营活力不足以及金融机构信用收紧等因素影响，非金融企业贷款增速明显放缓，2018 年年末贷款余额同比增长 5.9%，较全部贷款增速低 3.9 个百分点，相比之下，居民部门贷款增长明显较快，同比增长 20.7%，主要是住房消费带动以及银行贷款偏好趋于下降。

融资贵的问题得到一定程度的缓解，贷款成本逐步走低。2018年，山东省贷款利率呈现出先升后降的走势，受国务院着力解决小微企业融资难、融资贵问题的相关政策支持以及市场利率衰退型回落影响，12 月一般贷款加权平均利率降至年内最低点 5.65%，其中，小型和微型企业贷款利率分别为 5.61% 和 5.73%，分别较

2017 年同期下降 18 个和 41 个基点，让企业切实感受到融资成本下降。

信贷结构进一步优化，多层次高效助推实体经济发展。一是从贷款期限结构看，中长期贷款余额占比有所提升，一般性贷款持续增长。2018 年年末，山东省本外币一般性贷款（各项贷款剔除票据贴现）余额 74798.2 亿元，比年初增加 5890.6 亿元。其中，中长期贷款余额 43688.9 亿元，比年初增加 6079.4 亿元，占全部新增贷款的 56%，较 2017 年提高 3 个百分点；短期贷款余额 28686.5 亿元，比年初下降 241.4 亿元。二是继续增加对农业、县域的支持。2018 年年末山东省涉农贷款余额 26303.8 亿元，增加 1124.7 亿元；县域贷款余额 21868.0 亿元，增加 1160.3 亿元。三是从企业类型来看，对小微企业的信贷支持力度明显增强。2018 年年末，山东省普惠口径小微企业贷款余额较年初增加 723.4 亿元，同比增速为 24.7%，高于各项贷款增速 14.9 个百分点，积极响应国务院大力发展普惠金融的政策号召。开展"小微企业金融服务万户行"活动，精准对接 19434 家小微企业、3355 户民营企业的融资需求。创新推出"重点支持票据直通车"操作模式，全年累计办理再贷款 294.5 亿元、再贴现 336.1 亿元，较 2017 年同期分别增加 46.0 亿元、101.6 亿元。

表外融资明显下滑，社会融资逐步实现脱虚向实，有效抑制了同业资金空转的问题。2018 年年末，表外融资余额①比年初下降 2340.7 亿元，达 14142.9 亿元，同比多降 3552.8 亿元。资管新规的政策效果显现，有效抑制了银行监管套利空间。随着资管新规过渡期的临近，金融机构同业业务大幅收缩，同业监管会进一步趋紧，只有符合监管导向的同业业务才会平稳发展，将进一步引导金融重回服务实体经济的正确方向，资金脱虚向实趋势明显。

---

① 委托贷款、信托贷款、未贴现银行承兑汇票等。

（一）银行业运行情况

2018 年山东省银行业总体健康平稳，不良贷款率略有提升，一定程度上抑制了银行业的盈利能力，但区域金融风险总体可控。一是资产总量稳定增长，资产增速同比小幅提升。截至 2018 年年末，山东省银行业金融机构本外币资产同比增速为 5.9%，比 2017 年同期提高 1.4 个百分点，总额达到 12.2 万亿元。二是不良贷款余额小幅反弹，不良贷款率略有提升，仍处于可控范围。截至 2018 年年末，山东省银行业金融机构不良贷款余额 2604.7 亿元，比年初增加 791.5 亿元；不良贷款率为 3.3%，比年初提高了 0.8 个百分点。三是受不良贷款增加影响，银行业利润出现下滑。2018 年，山东省银行业金融机构实现净利润 107.6 亿元，较 2017 年减少 340.3 亿元。

（二）证券业运行情况

上市公司运行情况。2018 年，通过证券市场实现再融资的企业在山东省有 25 家上市公司，募集资金总额达到 262.7 亿元。截至 2018 年年末，山东省境内上市公司数量为 193 家，主板上市公司、中小板上市公司和创业板上市公司数量分别为 70 家、93 家和 30 家。山东省境内上市公司总股本和总市值分别为 2037.2 亿股和 15079.5 亿元，市值过百亿元的公司有 38 家。

证券经营机构运行情况。截至 2018 年年末，山东省共有证券公司 2 家，证券公司分公司和证券营业部合计 736 家，后者较年初增加 97 家。2018 年受金融去杠杆以及中美贸易战升级双重冲击，资本市场行情低迷，导致证券交易规模以及证券公司营业收入均出现下滑。2018 年证券公司代理买卖证券交易额为 9.6 万亿元，同比下降 18.3%。2018 年 2 家证券公司实现营业收入 63.5 亿元，较 2017 年下降 7.9%，净利润规模为 15.4 亿元，较 2017 年下降 29.6%。

区域股权市场运行情况。截至 2018 年年末，山东省共有 19 家权益类市场。其中，区域性股权市场数量为 2 家，金融属性的大宗商品市场数量为 11 家。2018 年，齐鲁股权交易中心新增挂牌企业 891 家，累计达到 3161 家，托管企业 3362 家，挂牌企业实现各类融资 412 亿元。

（三）保险业运行情况

2018 年年末，总部设在山东省的保险公司数量为 5 家，94 家省级分公司以上保险机构，保险公司全部分支机构数量位居全国首位，高达 7455 家。2018 年年末，山东省保险业总资产规模 5950.8 亿元，较年初增长 13.8%。2018 年山东省保险机构保费总收入位居全国第三，高达 2959.8 亿元，较 2017 年增长 8.1%，保险赔付 929.9 亿元，同比增长 11.9%，有效地发挥了服务经济和保障民生的作用。其中，人身险保费收入最高，为 2210.4 亿元，较 2017 年增长 8.2%；财产保险收入规模为 749.4 亿元，较 2017 年增长 7.9%。保险业务结构持续优化，人身险中体现保障功能的健康险增长最快，同比增速高达 34.4%，业务占比提升到 20% 以上，相比之下投资型业务开始收缩；财产险业务中非车险增长最快，以往车险占比过高的局面有所改变，车险占比回落到 72.1%，较 2017 年同比回落 5 个百分点，相比之下，责任险、保证险、农险等非车险在政策支持推动下成为新的增长点。另外，保险业创新层出不穷，服务实体经济的功能有所增强。为鼓励技术创新和科技成果转化，同时降低相应风险，保险机构积极落实首台（套）技术装备等科技保险政策，为超过 400 家（次）科技企业提供风险保障 40 多亿元。

（四）跨境人民币业务情况

2018 年山东省人民币跨境人民币业务覆盖范围进一步扩大，新增开展该业务的企业数量高达 4009 家，同比增长 20.6%。跨境人民币收付额虽然波动较大，但整体呈现上升趋势，2018 年收付额为 2916.3 亿元，较 2017 年增长 2.5%，同比增速较 2017 年大幅提升 36.7 个百分点。业务均衡度出现明显改善，自 2016 年以来首次实现净流入，2018 年净流入 28.9 亿元，相比之下，2017 年净流出 456 亿元，2016 年净流出 1180.3 亿元。资金池业务成为跨境人民币业务重要增长点，2018 年资金池累计收付额占比提升到 12.3%，规模为 357.6 亿元，同比增长 1.4 倍。另外，"一带一路"倡议初见成效，针对"一带一路"沿线国家的人民币跨境收付占比明显提升，2018 年该业务占比高达 23.6%，较 2017 年同期提高了 5 个百分点。

二 山东金融改革进展

金融改革不仅是经济体制改革的重点，也是供给侧结构性改革的核心所在。党的十八大以来，山东省委省政府针对山东金融发展的短板，相继出台了以《关于加快全省金融改革发展的若干意见》（以下称"金改 22 条"）为代表的一系列有力度、有突破的改革措施，在全国产生了广泛影响，取得明显成效。

（一）大力发展多层次资本市场，助力供给侧结构性改革

资本市场是现代金融体系中最具活力的组成部分，能够有效分散融资过度集中于银行业带来的风险，降低实体经济杠杆率。近年来，围绕"金改 22 条"提出的"支持和推动金融市场创新发展"的目标，在充分发挥债券融资渠道功能的同时，山东积极发展多层次资本市场，着力构建"金字塔"式的股权融资框架，助力供给侧结构性改革。

一是大力推进企业在境内外交易所上市，2016 年山东省上市公司总数达 268 家，实现了境内上市公司 17 市全覆盖。二是积极培育和引导中小微企业通过"新三板"进行股权融资，挂牌企业达到了570 家。三是重点推动区域性股权市场发展，着力改造齐鲁股权交易中心，设立蓝海股权交易中心。齐鲁股权交易中心逐步完成了公司制改制和体制改革，并与全国股转系统签订战略合作备忘录，率先实现了区域市场与全国市场间的"转板对接"。2016 年中心挂牌企业达到1811 家，企业借助该中心获得各类融资累计达到303.5 亿元。2014 年在青岛设立蓝海股权交易中心，2016 年有570 家企业实现挂牌交易，企业从中获取各类融资达到 37 亿元，给企业发展提供了有效帮助。

通过充分利用多层次资本市场功能，全面拓宽了直接融资渠道。2016 年山东省股票债券两项直接融资 5794.67 亿元，约为 2012 年

的 3.2 倍；2013 年社会融资规模增量中，直接融资的比重为
10.8%，2015 年这一数值增加为 26%。

（二）创新金融组织和产品服务，大力形塑普惠金融生态

金融普惠化有助于金融业均衡发展，增进社会公平和社会和谐，
进而助推经济发展方式转变，推进我国全面建成小康社会。近年
来，山东省始终以培育壮大普惠金融为核心任务，通过创新金融组
织和产品服务，广泛惠及民生。

一方面，加快普惠金融机构和组织发展，培育壮大普惠金融载
体。经过几年努力，2016 年农村信用社银行化改革全面完成，成为
全国第 4 个完成农信社银行化改革的省份；全省村镇银行总数居全
国首位，数量达到 126 家；小额贷款公司注册资本达到 572 亿元，
数量为 427 家，全年发放涉农和小微企业贷款 685 亿元；民间融资
进一步规范，各类民间融资机构达到 512 家，融资担保机构达到
405 家。山东作为全国首个新型农村合作金融改革试点的省份，新
型农村合作金融试点合作社自 2014 年以来共成立 284 家。

另一方面，持续推动普惠金融服务和产品创新，促进"三农"
和小微企业发展。鼓励银行业资金流向小微企业、"三农"等经济
薄弱环节，实现了农村土地承包经营权、宅基地使用权、林权、海
域使用权、知识产权等多项抵质押物创新。2016 年涉农、县域和小
微贷款余额占贷款总余额的比重合计达 68.7%。探索中小企业债权
融资方式创新，在全国率先成功发行首单区域集优集合票据。发挥
保险的助推器和稳定器作用，农业保险实现"扩面、提标、增品"，
保障农户近 1700 万户，承保种植业超过 1 亿亩；积极发展小额贷款
保证保险，2016 年为小微企业提供信贷支持 211 亿元。

（三）打造"两主一辅"金融集聚区，充分发挥辐射带动力

山东"金改 22 条"做出了布局济南与青岛两个金融中心的重
要决定，明确将济南建设成为立足山东、辐射周边省份、在全国有
较大影响的黄河中下游地区金融中心；青岛突出发展以财富管理为
主要内容的高端金融业务，吸引国内外投资理财机构和金融机构聚

集，建设成为国内领先、面向国际的新兴财富管理中心。在《山东省金融业发展第十三个五年规划纲要》中，进一步将烟台定位为"构建一极"，打造全省区域性基金管理中心，并产生全国影响。"两主一辅"的强力配置以及不同的地区发展定位，有助于建立起特色鲜明、差异化发展的金融集聚区，在有效发挥资源集聚配置的同时，可避免地区之间的竞争与金融资源的重复建设，引领并带动全省金融发展。

目前，济南、青岛、烟台已形成金融资源的初步集聚，辐射带动力业已显现。济南采取积极引用外力与努力培育内力相结合的方式，借助中央商务区的载体，正在形成具有强大辐射带动作用的金融机构聚集区。2014 年青岛获批全国唯一的以财富管理为特色的国家级金融改革试验区，随着多项全国"第一单"落地实施，青岛市财富管理中心城市建设的带动力已逐步呈现，"十二五"末青岛金融业增加值已达到"十一五"末的 2.5 倍，青岛于 2016 年首次被纳入全球金融中心排名。烟台则以基金集聚为特色，正式启动烟台基金管理中心建设，着力打造山东金融集聚的"第三极"。

（四）设立股权投资引导基金，财政金融协力助推实体经济发展

为创新财政资金分配方式，促进股权投资加快发展，发挥财政金融政策合力，进一步拓宽实体经济融资渠道，山东在全国较早设立了省级政府引导基金。2014 年年底，出台《山东省省级股权投资引导基金管理暂行办法》和《关于运用政府引导基金促进股权投资加快发展的意见》，明确了引导基金的市场化运作模式，并将施力重心置于全省经济发展的重点领域和关键环节，着力助推实体经济良序发展。截至 2016 年 10 月底，全省已设立引导基金涉及 19 个方向，参股子基金获批数量为 51 只，从总规模来看，数值达到 1451亿元。

在政策设计上，通过提高科技型中小企业投资限额、设立直投基金、建立投资风险补偿机制和银行贷款代偿机制等，充分调动基

金机构投资的积极性。通过鼓励引导基金交叉投资，实行"门户开放"政策，打破投资领域分割格局，实现项目选择多元化，投资范围广域化。通过实行引导基金先行出资，可以为机构募资提供坚实的保障，在增强基金市场竞争力的同时，增加项目的获取力。通过股权、债权、股债结合、投贷联动、购买企业债券等投资方式"组合拳"，开展灵活、有效的多元化投资。通过强化直投基金投资力度，着力支持区域性股权市场挂牌企业，推动山东省资本市场提速发展。通过建立基金管理容错机制，允许试错，宽容失败，鼓励以市场为导向的开放式创新。

（五）推进监管方式创新，探索地方金融监管新体系

随着金融产品创新与金融服务拓展，金融风险监管和防范的重要性不断提高。国内现行监管体制中，金融监督管理权限较多集中于中央，地方政府存在一定的权责不对称，难以对地方金融行为进行有效监管。

为改善这一问题，山东率先在构建中央和地方分层有序的金融监管体系方面进行积极探索，在地方政府金融监管上迈出重要一步。2013 年 12 月，山东省出台《关于建立健全地方金融监管体制的意见》，根据意见要求，建立省、市、县三级地方金融监管机构，在山东17 个市、137 个县市区普遍建立地方金融办，并加挂地方金融监督管理局牌子，对"一行三局"监管职责之外的地方金融组织和金融活动进行监管。2016 年 7 月，山东省正式施行《山东省地方金融条例》，首度提出了"机构监管"和"业务监管"相协调的地方金融管理架构。在明确地方金融监管范围的同时，从参与金融活动的条件和参与程序等多方面对地方金融组织作出明确规定，从源头上防范金融风险，建立和完善监管制度，并强调加强地方与中央监管的协调配合，充分保护金融消费者权益，为山东金融健康发展提供法制化和标准化的保障。该条例是我国涉及地方金融监管内容的首部省级地方性法规，为全国范围内解决地方金融监管"无法可依"的"瓶颈"制约提供了借鉴。

第二节　山东融资支持企业技术创新的状况及成效

一　政策扶持体系逐步完善，科技信贷支持力度日益加大

近年来，为推进科技金融实质融合，山东省先后出台了《关于进一步改进金融服务促进科技创新发展的指导意见》《山东省金融机构战略性新兴产业科技项目贷款风险补偿资金管理办法》《关于加快全省金融改革发展的意见》等文件，初步形成了支撑科技金融融合发展的政策体系，为缓解科技型中小企业融资难、融资贵、融资短、审批长的困境提供了政策施力方向。

在科技金融政策支持体系下，山东省通过强化与各大银行的战略合作，积极争取信贷资源向科技领域倾斜，科技信贷支持的力度日益强化。如山东省先后与交通银行山东分行、国家开发银行山东分行、农业开发银行山东分行、齐鲁银行等金融机构签订战略性合作协议，通过融资机制与金融产品创新，按照科技型中小企业的自身特点和融资需求，在门槛准入、信贷资源、业务流程、信贷授权、风险容忍等方面创造宽松的融资环境。如2014年，截至第1季度末，齐鲁银行省内分支机构新发放公司贷款（不含贴现）59.25亿元，其中科技型企业贷款12.56亿元，占比21.2%，且绝大多数投向科技型中小企业。

二　设立科技专营支行，专项助力科技企业发展

为更好地缓解科技型企业的融资困境，山东省积极支持设立科技支行，根据科技型中小企业的生命周期特征及不同发展阶段，通过创新模式与金融产品，专门服务科技创新企业的健康、快速发展。在金融产品创新上，推出适合科技型企业和科技成果转化的知识产权质押融资、股权质押融资、知识产权与股权结合质押融资、合同能源管理融资等。在运作模式上，探索"政府＋银行＋担保＋

创投"的链式运作方式，具有"政府支持、多方协同、集群运作"的基本特征，如威海市对科技支行信贷业务，按照当年新增贷款余额的 1% 予以风险补偿；对获得科技支行贷款的试点企业，按照其当年在科技支行新增贷款余额的 1% 予以贷款贴息，并纳入"临时还贷扶持资金"扶持范围；对为试点企业提供担保的担保公司，从"中小企业担保业务专项资金"中优先予以风险补贴。招商银行淄博分行设立科技特色支行，通过打造股权投资服务平台和设立创新的债券融资产品两项手段，开展契合科技型企业生命周期各阶段特征的金融服务，截至 2014 年 4 月末，该行支持科技中小企业客户贷款余额达 12400 万元。

三　直接融资渠道不断拓宽，融资能力逐步增强

除银行机构的间接融资外，近年来山东省科技型企业的直接融资渠道不断拓宽。一是上市的科技型企业数量逐年增多。目前，山东省有中小板上市企业 57 家，累计从市场融资 648.45 亿元；创业板上市公司 18 家，累计融资 117.12 亿元。二是齐鲁股权交易中心为科技型企业直接融资开辟了有效的可选途径。目前，在股权交易中心进行市场挂牌、托管和综合展示的企业中，70% 以上都是科技型、创新型企业，实现直接与间接融资超过 120 亿元，孵化培育上市后备资源 40 余家，其中 8 家已启动上市程序，26 家企业启动新三板转板程序。同时，目前科技型企业进入综合展示平台已实现无中介、无门槛、无费用和全网络化。三是山东省设立省科技风险投资专项资金和山东省科技创业投资有限公司，通过股权投资方式，支持科技型小微企业和创业投资机构快速发展，如山东省高新技术投资公司，已累计投资近 20 亿元，支持了 80 多家高新技术企业。

四　知识产权质押融资成效初显，科技融资困境得以缓解

由于科技型企业的高技术、无形资产特征，知识产权是其核心资产，通过知识产权融资是科技型企业尤其是初创期企业的可行选择。近年来，山东省着力强化知识产权交易平台建设，通过政、银、企、保的有效对接，积极促进知识产权的资本化，为缺少实体

资产、拥有核心技术的科技型企业拓宽了融资渠道。全省开展知识产权质押融资业务的 11 市 20 多家银行（金融机构）共为 110 多家企业办理了知识产权质押贷款，累计融资和银行授信超过 11 亿元。2014 年，山东泉林纸业（聊城）有限责任公司专利权整体质押合同获准备案登记，公司以 110 件专利、34 件注册商标等标的，成功获得国家开发银行等银团贷款 79 亿元，成为迄今为止国内融资金额最大的一笔知识产权质押贷款。

第三节　山东融资支持企业技术创新面临的问题与制约因素

一　银行与科技型企业的有限能力及信息不对称，制约着科技金融进一步融合的广度与深度

对山东省科技与金融的深度融合而言，囿于科技型企业尤其是科技型中小企业的自身状况、银行对科技型企业的有限评价能力以及信息不对称的实质约束，制约着科技金融融合的深度与广度，导致科技型企业尤其是中小企业的融资难、融资贵问题仍然突出。具体而言有以下三点。

一是科技型企业尤其是中小企业的财务状况、轻资产结构以及科技创新的不确定性，导致市场规则下的融资成本昂贵、融资难度加大。银行是营利性市场主体，以追求利润最大化为目标，最大限度地降低成本风险、提高收益是其基本行为模式，在此交易框架下，科技型企业的高风险加大了其获得授信的难度与成本。一方面，科技型企业虽然是成长性良好的、引领未来产业发展的企业类型，但大多规模较小，以中小企业居多，财务管理状况不规范，财产结构以核心技术、专利、商标、实用新型为主，资产中土地、房产、建筑物占比偏低，缺少可以有效抵押担保的固定资产，且财务数据失真、贷款不良率较高、抗风险能力较弱，上述现实因素制约着科技型中小企业获得银行贷款的能力，导致科技型小微企业要负担更高的浮动利率，一般至少高于基准利率20%。另一方面，科技创新本身是高风险、长周期的，科技型企业面临着较高的研发风险、成果转化风险、市场风险，科技型中小企业的成长与发展面临着较多的不确定性，并诱发较高的财务风险和金融风险。以淄博市信息传输、软件和信息技术服务业为例，截至2014年3月末，辖内该行业不良贷款余额1299.64万元，不良占比高达4%，高于平均不良占比近2个百分点。由此也加大了其获得银行信贷支持的难度和成本。

二是银行本身对科技型企业的有限评判能力，制约着科技金融的纵深发展。科技型企业的技术、专利、产品具有高端性、高附加值性，具有长足的发展潜力和良好的市场前景，无论从国家产业结构优化调整的基本方向，抑或是银行本身自我盈利的需求而言，真正具有高含金量、高成长性的企业是政策支持的重要施力点和金融发展的重要支撑点。但现实而言，囿于山东省银行业发展模式较为传统，创新性不足，银行业尤其是基层机构缺乏对科技创新的专业评估能力与有效评判手段，对科技型企业知识产权的非物质性、唯一性、时间性、地域性特征认知不足，对知识产权质押价值评估中诸多风险如法律风险、技术风险、市场风险、金融风险等把控不足，受制于人才、技术要素约束以及评估机制缺失，现有银行难以对科技创新的先进性、成果适用性、市场前景性进行有效评判，且缺少有效的评估手段和评估方式，从而限制着银行业对科技创新支撑的积极性。

三是银行与科技型企业之间的信息不对称，制约着科技金融的有效融合。银行与科技型企业作为市场主体，是要素资源配置的基础性与决定性力量，而要素资源的有效配置与对接以信息对称为前提，通透的市场信息平台能够将要素资源的供需总量、类型与结构快速传递给各市场主体，从而促进要素结合与资源优化，提升经济效率与生产力。当前，山东省大部分科技型企业处于成长期和产品市场化初期，许多有发展潜力和市场前景的科技型企业处于创业创新初期，部分技术成熟的企业也处于科技成果转化和产品产业化阶段，这些有发展前景的科技型企业处于默默耕耘期，由于市场发现机制的不完善和信息沟通机制的不通畅，银企交易成本较高，导致部分成长性良好的企业信息并未能及时、有效地传递到金融系统，诸多差异化、个性化的金融产品未被开发出来，从而限制了科技金融融合的应有空间。

二 政策性风险补偿机制不健全，财政资金配置效率有待提升，压减了金融支持科技创新的空间

科技创新的长周期性和持续投入性，使资金要素成为科技型企业健康、持续发展的"供血库"，资金不足也成为制约其有效成长的基本约束，从而，金融支撑成为科技型企业长续发展的动力支持。但另一方面，科技创新又具有不确定性和高风险性，使金融支持具有一定的市场风险，从而限制着金融对科技创新支持的积极性，导致金融对科技创新领域的"供血"不足，由此使得科技金融融合具有一定的"市场失灵"特征。政府作为公共产品和服务的供给者，应通过完善政策体系和财政扶持来矫正市场失效，促进科技金融有效融合。当前，山东省财政风险补偿机制不完善，财政资金配置效率有待改进，限制了科技金融结合的应有空间。

一是体制机制不完善制约财政支持科技创新的实效。一方面，当前，包括山东省在内我国科技资金管理部门众多，条块分割严重，存在部门利益与"王爷经济"问题，导致科技资金利用政出多门，资金分配不规范，资金使用的集成性与统筹性较弱。另一方面，在政府层面，公务人员往往缺乏科技方面的专业知识，对科技课题、项目处于不了解、不专业、不深入、不接地气的外在状态，但其在财政资金分配中却扮演重要角色，甚至能决定项目的评审，且评审专家由于时间约束及自身专业所限，对科技课题、项目的把控也不精准、不到位，甚至存在评审"走过场"、人际关系替代专业标准的问题，由此导致财政对科技的支持效果受到限制。

　　二是当前山东省各地财政扶持科技创新的效果并不显著。当前的财政扶持科技企业模式多以直接、无偿、分散投入为主，且主要以行政性手段配置财政资金，市场化手段运用较少，导致财政资金的使用存在"撒芝麻盐"现象，对于初创期的高科技企业的资金需求而言，仅具有"毛毛雨"效应，且缺乏后续资金的支持跟进，难以有效促进初创期、种子期高新科技企业的健康发展，而对于已经成熟、具有强劲市场竞争力的大型企业而言，金融行业对其主动对接的积极性较高，财政资金对其扶持的效果有限。

　　三是财政风险补偿机制不完善，对科技金融融合的公共激励不足。由于金融系统的风险控制要求，安全性是银行贷款的首要考虑，并对资产负债率有着严格限定，银行等金融机构对科技型中小企业的授信积极性不高，担心未来的贷款风险，导致科技型中小企业融资难、融资贵、融资期限短、审批周期长，财政应确立一定的风险补偿基金，对银行机构扶持科技型中小企业的贷款授信给予一定额度的风险补偿、评价奖励。目前山东省各地扶持科技金融的财政风险补偿基金数额有限、方式单一、规模不大、力度较小，大多处于试点探索阶段，基金运作的效果并不明显，科技金融尤其是中小科技金融仍然存在较大的供需缺口及作用空间。

　　三　社会中介服务体系不完善，导致促进科技金融有效融合的"润滑剂"缺力

　　全面、系统化的社会服务体系是推进科技金融深度融合的高效"润滑剂"。科技金融的有效融合，科技型企业与银行等金融机构是舞台主角，政府的财政支持是"补血库"，社会中介服务机构则是"润滑剂"。社会科技服务组织包括行业协会、生产力促进中心、技术市场、创业创新平台等，通过提供技术信息对接、咨询、评价、科技信贷、担保、保险、法律服务、技术开发、培训、交流、转让等一体化服务，强化区域内科技与金融优质资源的整合利用，降低企业技术创新的寻觅、运作成本和研发风险，降低融资成本，通过架设科技金融的对接平台与"润滑"系统，形成体系合力，推动科技金融有效对接。

对科技金融的深度融合而言，当前山东省各地的科技金融中介服务机构尚不发达。当前，山东省各地的科技金融中介服务机构以政府支持设立的居多，市场自发型的社会中介服务机构较少，且规模较小，服务体系不健全，服务能力有限，尤其是服务于科技成果发现、评估、确值定价、转移、变现的专业化中介机构发育严重不足，对种子期、初创期科技型中小企业科技成果的呈现、评估、传导、对接机制尚不健全，导致银行等金融机构对有发展潜力、亟须资金支持的科技型中小企业无从了解、无法认同、对接渠道不畅，尤其是对科技型企业的专利、商标的市场价值辨识不足，对其可流通、可变现性存在重大疑虑，从而加大了科技型企业与银行等金融机构的交易成本，限制了科技型企业与银行等金融机构对接的可能性与有效性。

四 多层次资本市场融资渠道有待拓宽，风险投资发展缓慢，制约科技金融融合的速度、质量与效益

除间接融资外，资本市场是企业拓宽融资来源的重要渠道。当前，由于科技型企业大多为中小企业，且以初创阶段的种子期企业居多，企业规模、资产实力、财务管理能力等难以充分满足当前我国债券发行与股权融资的内在要求，创业板发育尚不健全，其对象也主要是成长型的科技企业，与具备高风险特征的初创期高科技企业的资本需求不相匹配。为此，政府应分类管理，积极引导各类企业通过多层次资本市场拓宽融资渠道，如创造条件，进一步推进中小企业到全国中小企业股份转让系统、齐鲁股权交易中心等场外市场挂牌融资，促进企业并购发展及资源整合等。

山东省风险投资发展缓慢，制约科技型企业的快速发展。当前，山东省风险投资机制尚不成熟，风险投资市场中的诸多业务仍然是传统业务，并未全部实现真正的风险投资，尤其对高风险的初创期高科技企业介入不足。即便是投向了高科技产业，也多呈现为"红苹果"效应，即投向已经成熟、形成市场竞争力的高科技企业，种子期与初创期的科技创新型企业难以获得风险投资的支持，进而导致其筹资渠道单一、筹资成本过高，且相当一部分创业投资以财务投资为主，无法引致有效的产业战略资源。此外，当前风险资本的投资退出机制处于缺失状态，投出资本的合理回收渠道不畅，抑制了风险投资融资方式作用的发挥。

五　系统性的协同配套体系不健全，致使科技金融深度融合的基础薄弱

除上述因素外，社会征信体系建设滞后是制约科技金融深度融合的基础"瓶颈"。现代社会治理是信息治理，有效的信息沟通能够降低交易成本，提高交易效率；反之，则降低交易机会和经济效率。银行等金融机构是营利性市场机构，规避风险是其基本取向，科技型企业尤其是种子期企业具有高投入、高风险、长周期的特征，在获得银行信贷资金成本较高的情况下，民间融资成为多数企业获取资金支撑的次优选择。由于社会征信体系建设滞后，缺失对企业信用信息的统一集成平台，当前企业在小额贷款公司、投资公司、典当行、民间借贷的信息无法在征信系统中有效查询，银行对科技型企业在工商、税务、环保、质检等部门的信用信息难以知晓，由此使得科技金融结合的系统性风险加大。

第三章　融资影响企业技术创新的理论剖析

　　本章重点阐述融资影响企业技术创新的理论基础和作用机制，主要从历史演进的角度阐述科技创新理论（包括熊彼特创新理论、技术创新理论、制度创新理论和创新系统理论）和金融发展理论（包括金融结构理论、金融中介理论、金融约束理论等），并运用演绎推理方法，详细描述融资影响企业技术创新能力培育的资本形成机制、风险分散机制、信息揭示机制和激励约束机制，为后续研究奠定理论基础。

第一节　融资影响企业技术创新的理论基础

一　科技创新理论

（一）熊彼特创新理论

　　现代对创新概念的探讨是基于技术与经济相结合的角度，其中最早且具有代表性的创新理论便是熊彼特创新理论。该理论探讨了技术创新在经济发展过程中的作用，即生产技术的革新和生产方法的变革在经济发展中具有至高无上的作用。

　　熊彼特（Schumpeter）的创新理论主要包括以下几个观点。

　　第一，创新是生产过程内部自行发生的变化，而非外部强加导致发生的。这种变化能够带来经济生活的重要变化，值得引起理论关注。

　　第二，创新是一种革命性的变化。这说明创新活动的发生具有突发性和间断性，并非是已有事物的延续和累加所致，因此对经济发展应进行动态分析研究。

第三，创新意味着新事物的到来和旧事物的毁灭。也就是说，创新一旦发生，新事物对旧事物会通过竞争而加以消灭，这表明随着经济的发展，创新更多体现为经济实体内部的自我更新。

第四，创新能够产生新价值。创新与发明存在区别，发明仅仅是新工具或新方法的发现，而创新则是将两者加以应用，只有产生出新的经济价值，创新才能称为真正意义上的创新，这一理念被后期的新熊彼特创新理论所继承。

第五，创新是经济发展的本质规定。经济增长与经济发展存在实质性区别，前者是由于人口和资本增长所致，后者则是一种特殊现象，即执行新的组合，意味着经济循环流转过程的中端，实现了创新。

第六，创新的主体是企业家。如果说"新组合是企业，那么执行新组合"的人便是企业家，这便是企业家的核心职能。熊彼特认为每个企业家只有当其真正意义上执行了某种"新组合"时才算是实至名归的企业家。

（二）技术创新理论

熊彼特创新理论提出后在当时并没有引起相应的关注，相反凯恩斯（Keynes）理论则大行其道。随着新经济现象的出现，熊彼特创新理论开始重新受到关注。20 世纪 50 年代以后，许多国家经济呈现长达近 20 年的高速增长，传统经济理论已经难以有效解释。西方经济学者开始将熊彼特创新理论发扬光大，形成了后期的技术创新理论，主要是两大学派的贡献，即新古典学派和新熊彼特学派。

首先是新古典学派的技术创新理论，索洛（Solo）是典型代表。其在新古典生产函数中提出了经济增长的两大来源，一是生产要素数量增加而产生的增长效应，二是要素技术水平提升而产生的水平效应的经济增长。其对技术创新进行深入阐述，认为创新成立需要具备两大条件，即新思想的来源和以后阶段的实现和发展。此外，新古典学派分析了政府干预作用对技术创新的影响，其认为当技术创新的市场供求出现失效时，包括市场对技术创新需求不足和技术创新供给不足难以满足经济发展要求，此时政府应该积极进行干预，比如运用金融、税收、法律以及政府采购等间接调控手段，实现技术创新供求匹配，从而提升技术创新对经济发展的促进作用。新古典技术创新理论存在明显的缺陷，其采用传统经济理论模型为分析工具，无法反映技术变化和创新动态的现实情况。此外，新古典技术创新理论将技术创新过程视为黑箱，其理论并不关注内部运作过程，忽视了创新活动的本源。

其次是新熊彼特学派的技术创新理论，曼斯菲尔德（Mansfield）、卡曼（Cayman）、施瓦茨（Schwarz）是该理论的主要代表人物。新熊彼特学派更多秉承熊彼特创新理论，将技术创新视为复杂过程。与新古典学派不同，其重视技术创新过程的内部运作机制，强调技术创新在经济增长的核心作用。曼斯菲尔德的理论重点阐述了技术创新与模仿之间的关系以及相应的变动速度，某种程度上有助于对技术模仿和技术推广加以解释。但其理论的前提假设与现实相差甚远，现实中并不存在完全竞争市场，相反，新技术在出现伊始往往处于垄断状态，对应的更多是垄断市场结构。总体而言，曼斯菲尔德理论的解释力较为有限。卡曼、施瓦茨等人从市场结构的差异探讨了技术创新的过程。一般情况下，竞争与创新动力成正比，竞争越激烈，创新动力就越强。企业规模越大，技术创新开辟的市场就越大，相反完全竞争市场下企业规模小，技术创新开辟的市场就越小。垄断程度越高，市场控制能力越强，技术创新就越持久。但是如果市场处于完全垄断也会抑制企业的创新动力，由于缺乏竞争对手的威胁，难以激发企业的创新动力。因此，卡曼和施瓦茨认为最有利于技术创新的市场结构应该是介于垄断和完全竞争之间的中等竞争程度的市场结构。综合来看，新熊彼特技术创新理论的政策含义便是重视社会需求规模对技术创新的速度和规模的影响，其认为社会需求结构的变化可以通过市场中介进而影响技术创新的方向、内容与结构，因此企业技术创新时应该牢牢把握住市场需求，才能保证技术创新的持续性；国家适当控制市场需求，可以有效引导企业积极有效地组织创新。

（三）制度创新理论

制度创新理论主要是基于组织形式或经营管理方式革新角度的技术创新理论，其典型代表人物是戴维斯（Davis）和诺斯（North），他们利用新古典经济学理论中的一般静态均衡和比较静态均衡方法，在对技术创新环境进行制度分析后认为，产权的界定和变化是制度变化的诱因和动力，新技术的发展需要建立一个系统的产权制度，这一制度能够对个人提供有效刺激，从而提高创新的私人收益率。如果该产权制度能够有效确立，则会减少创新的不确定性，进而实现对发明者的最大激励效应，最终促进经济增长。技术创新的制度创新理论将熊彼特的创新理论与制度学派的制度理论有效结合，进一步探讨了制度安排对经济增长的作用。制度创新理论中所谓的制度主要是指具体的政治经济制度而非社会政治环境，主要包括公司制度、工会制度和金融组织等制度。该理论不足之处在于忽略了制度创新的内在影响因素如市场规模和技术进步，另外由于偏重于分析交易成本和产权，两者难以界定，因而难以通过实证方法进行验证。

（四）创新系统理论

不同于以往理论，技术创新的创新系统理论更为客观地分析了技术创新的驱动力，其认为不仅是企业家的个人贡献，也不是企业独立的行为，而是由国家创新系统所推动，其典型代表人物为弗里曼（Freeman）和纳尔逊（Nelson）。他们认为将国家创新系统视为参与和影响创新资源的配置及其利用效率的行为主体、关系网络和运行机制的综合体系，在这个系统中，企业和其他组织等创新主体通过国家制度的安排及其相互作用，推动知识的创新、引进、扩散和应用，使整个国家的技术创新取得更好的绩效。

二 金融发展理论

(一) 金融结构理论

金融结构理论是金融发展理论体系中最早而且最有影响力的理论之一，其典型代表人物是戈德史密斯（Goldsmith）。就定义而言，金融结构包括一国现存的金融工具以及金融机构。戈德史密斯认为以一级和二级证券为形式的金融上层结构提升了经济增速，是经济运行的润滑剂。其提出了关键的判断指标——金融相关比率，能够有效地发现金融上层机构与经济基础结构在规模上的变化关系。金融相关比率已经成为目前衡量一国金融发展程度的应用最广泛和最重要指标。金融结构理论认为，由于金融工具和金融机构的增多，金融资产的范围不断扩大，从而导致储蓄与投资的分离，使得两者承担相互独立的职能。金融机构对经济增长的引致效应源于储蓄者与投资者资金供求中的重新安排。此外，金融机构能够实现资金在潜在投资项目之间高效分配的目标，提高了资金的边际收益率，从而推动经济增长。金融结构的发达程度与经济增速呈正比，金融活动越活跃，资金的边际效率就越高。这表明金融活动越多越宽泛，对经济的渗透力越强，经济发展就越快。总体而言，保障金融工具和金融机构的正常运行是金融结构理论的核心，这一观点被后期的金融发展理论所继承发扬。

(二) 金融中介理论

金融中介理论通常分为新金融中介理论与旧金融中介理论。首先来看旧金融中介理论，其主要包括信用媒介论和信用创造论。旧论将金融中介视为被动资产组合管理者，金融中介提供的服务便是资产的转型，根据资产在市场上的风险与收益情况完成相应的组合选择。具体而言，信用媒介论的典型代表人物是斯密（Smith）、李嘉图（Ricardo）和穆勒（Muller），其认为信用仅仅用来转移和再分配现有资本，无法创造出新的资本，而银行更多是充当媒介，不能直接创造信用。这一观点在当时的客观条件下是成立的，但在后期银行存在贷款数量超于其吸收存款数量的情况下有不合理的成分。

随着资本主义的快速发展，银行在宏观经济中的作用开始举足轻重。银行不仅承担信用媒介作用，而且可以直接创造信用，此时信用创造理论开始出现，其典型代表人物是麦克鲁德（Macleod）和哈恩（Hahn）。信用创造理论论述了银行信用对货币流通的作用机制，给央行制度的完善和货币数量调控提供了重要理论依据。新金融中介理论不同于旧论的重点之一是分析工具开始深化，借用信息经济学和交易成本经济学的分析方法，对金融中介不同类型的转型服务进一步加以识别，从而探讨金融中介如何有效获得信息优势、克服交易成本，借助改变风险与收益的对比来实现转型服务。新金融中介理论的典型代表人物包括肖（Shaw）、史密斯（Smith）和戴蒙德（Diamond）等，其核心观点包括：金融中介产生的原因包括市场中的交易成本、信息成本较高和不可分割性摩擦，金融中介具有信息优势和交易监管上的比较优势。

（三）金融约束理论

发展中国家按照发达国家的金融发展路径——金融自由化进行实践，实际结果却超出之前学者的预期。发展中国家非但没有取得成功，反而一部分陷入金融发展的泥淖。此时金融发展理论学者开始反思以往的理论，提出新的理论来解释现实和指导未来的金融实践。其中，最为典型的先驱代表人物是斯蒂格利茨（Stiglitz），其在新凯恩斯经济学派的基础上，总结了发展中国家金融市场失败的原因，主张政府采用间接控制机制监督金融市场，明确监管范围和标准。后来的学者在此基础上正式提出了金融约束理论。金融约束的含义是指政府通过一系列金融政策的实现，在民间部门创造租金机会，以达到既防止金融压抑危害，又促使银行主动规避风险的目的。金融约束能够达到预期成效，关键在于其前提假设条件是否成立。前提假设条件包括稳定的宏观环境、低通胀、政府较少的干预等。发展中国家从金融抑制走向金融自由化并非一步到位，而中间必须经历金融约束这一过渡阶段。政府的约束性金融政策主要包括限制存贷款利率、控制银行业准入，其中利率控制是政策核心所在。

第二节　融资影响企业技术创新的作用机制

融资对企业技术创新能力培育的影响主要体现在对科技创新的资本形成、风险分散、信息揭示和激励约束的作用，因此下面我们将分别阐述融资影响企业技术创新能力培育的作用机制。

一　融资促进科技创新的资本形成机制

科技创新活动具有高投入性的特征，其中资本投入更是关键所在。因此在融资对科技创新的影响机制中，如何有效实现资本与创新的有机组合是核心问题。科技创新企业在科技创新过程中大量投入资本，在创新成果未转化前资金障碍是科技创新面临的首要难题。因此资本形成始终是一国企业科技创新能否成功的重要因素之一。而金融市场和金融中介恰恰能够有效解决科技创新中存在的资金瓶颈问题。麦金农（Mckinnon）在分析投资与技术创新两者之间的关系时，强调了金融体系在科技创新资本形成中发挥的重要作用。金融体系能够通过各种金融工具，有效汇集个人和家庭中的资金并投入到具体的投资项目中，从而推动技术创新的发展。

分别来看金融中介和金融市场对科技创新资本形成的作用机制。金融中介能够通过政策性金融的纠偏补缺，并且发挥有效的倡导机制以及推动商业性金融的竞争机制，最终来实现对科技创新的资本形成机制。通常来说，金融中介对科技创新的资本形成过程可以分为两大典型阶段，一是政策性金融主导阶段，二是商业性金融主导阶段。处于政策性金融主导阶段，科技创新面临极大的风险，其活动存在巨大的融资缺口。此时没有政策性金融的支出，科技创新就无从谈起。在该阶段，国家推行金融支持政策来发掘并引领先进的科技创新项目，引导科技创新的社会投资的扩大，从而通过虹吸效应为科技创新活动提供资金来源。第二个阶段则是商业性金融主导阶段，此时科技创新活动处于稳定期和成熟期，商业性金融机构从创新主体的营利情况等方面可以有针对性地进行科技贷款业务，在政策金融支持后提供后续资金支持。

金融市场对科技创新的资本形成机制则体现在金融中介无法完全满足科技创新的融资需求，金融市场的多层次结构才能够有效解决这一难题，为企业科技创新开辟新的融资渠道。科技创新的资金来源除了以往传统的科技支持贷款外，还可以从股权投资基金、产业投资基金和各种风险投资机构处获得资金支持。与金融中介相比，金融市场对科技创新的资本形成机制更为宽泛和影响更为深远，建立多层次的资本市场可以为不同类型科技创新企业提供资金土壤，从而充分发挥企业家的创新能力，产生更多的科技创新活动。

二　融资促进科技创新的风险分散机制

科技创新是一项高风险活动，如何有效规范、防范和化解创新风险一直是科技创新企业关注的焦点所在。金融体系则能有效解决上述问题，发挥对科技创新的风险分散机制。金融体系的流行性创造功能可以让科技创新的投资者将投资项目迅速变现，从而达到长期资本形成和优化资源配置的目的。科技创新过程中的信息不对称以及资产的高专用属性都会抑制流动性，此时金融体系则能改变流动性困境，为科技创新的投资者提供项目变现的便利，防范意外流动性冲击造成的不确定性。此外，金融中介能够有效匹配流行性与收益率，引导资金增加在流动性较差而收益率较高资产上的投资，从而推动科技创新活动。金融市场对流行性风险的分散机制主要是实现不同投资者之间流动性调剂，其有效性往往与金融市场流动性以及系统性冲击是否发生直接相关，金融市场流动性越高，资本市场不容易遭受系统性流动性冲击，金融市场对科技创新的风险分散机制就越为有效。此外，金融体系还通过收益率风险管理来发挥对科技创新的风险分散机制。金融体系分散收益率风险包括两大功能，首先是横向风险分担功能，即金融体系向投资者提供不同种类金融工具，将创新主体在科技创新中面临的风险分散到不同投资者手中，从而减少投资者对个别创新主体的特定风险过多担心，从而推动科技创新活动。其次是跨期风险分担。横向风险分担是增加金融工具的种类，跨期风险分担则是通过不同时期均衡投资得失，避免金融资产价格的大幅波动，从而达到平滑不同期限投资收益的目的。

三　融资促进科技创新的信息揭示机制

科技创新项目的发展前景的预测难度非常大，科技创新项目成败具有突发性和偶然性，有效估计发展前景需要付出高昂的信息成本，高信息成本门槛往往成为资金流向科技创新项目的重要障碍之一。当单个投资者面临科技创新项目时，由于项目的复杂性与专业性，有效收集和处理项目信息的难度非常高，无法承受评估创新成本的高昂成本。金融中介相比个人投资者具有专业化和规模优势，可以较为容易地获取创新主体或创新项目的相关重要信息。分不同机构来看，专业政策性金融机构的信息优势最为明显。前文已经提过专业政策性金融机构往往引领科技创新的方向，对创新主体和创新项目的信息优势最为明显，通过科技贷款业务的发展不断积累项目经验，并形成了一套严格科学的审查程序，从而传递和揭示的信息最强。大银行和小银行处理信息功能的差异较大，而科技创新的信息又分为软信息和硬信息，大银行在硬信息上具有优势，小银行则在软信息上更具优势。由于科技创新活动中的信息更多为软信息，因此相比大银行，小银行在信息揭示机制上具有相对优势，更适合科技创新的需要。不同于金融中介，金融市场则提供直接交易平台，随着资本市场规模的增大以及流动性的提升，市场参与者开始具有动力去获得公司信息和评价公司价值，从而机构投资者更愿意释放企业技术创新信息来获得利润。另外，资本市场上的市场价格反映了平台内投资者对科技投资项目的综合评价。当相关信息有效揭示后，投资者可以不需要付出过高成本便能获取信息，从而有效预测恰当的投资机会。

四 融资促进科技创新的激励约束机制

激励约束机制对于科技创新的成功至关重要。有效的科技创新活动应是能够产生经济效益,这会使得创新主体在科技创新时较为谨慎,既要考虑科技创新的可行性,又要考虑其应用的市场空间。如何有效激励约束科技创新成为金融中介发挥作用的重要机制之一。金融中介在发放科技贷款时,会与创新主体签订一系列信贷契约,在信贷责任上对创新主体有效约束,同时在贷款发放后,金融中介会实时监测资金的流向、对创新主体进行跟踪调查。此时创新主体在获得贷款后会积极履行相关责任,注重科技创新的经济效益,从而能够保证科技创新活动的成功率和有效性。另外,金融中介对创新主体的监控具有明显的优势,即通过集中监管,避免了个人投资者重复监控的问题,因此更能够显现成本优势。同时金融中介通过与创新主体的持续合作,能够对创新主体的信息了解得更为充分,从而有效地降低了后者的道德风险。

相比金融中介,金融市场促进科技创新的约束机制更多。例如证券市场上的外部接管可以有效约束管理层的行为。当上市公司管理层经营不善,盈利能力下滑,在有效的资本市场上股价将对上述信息有充分反应,即股价将出现大幅下跌,从而公司的外部接管者认为应通过改组管理层来提升公司业绩与价值,当认为股价下跌至合理价格时,外部接管者会大量购买公司股票从而达到控股的目的,接下来再以控股股东身份改组公司管理层。因此外部接管会对管理层形成约束。此外,如果经营不善,股价大幅下滑,会影响公司的形象和再融资能力,进而给管理层带来外部接管的压力。

金融市场促进科技创新的激励机制则体现为:资本市场能够有效定价人力资本,从而激发科技人员的积极性,进而促进科技创新活动的发展。人力资本的理论价值往往难以估算,但资本市场给出了简单直观的市场定价方法,将人力资本价值总额定义为人力资本所拥有的总资本的市场价格总额。资本市场的财富效应能够充分调动科技创新人员的积极性,加快科技创新转化应用的步伐。另外,资本市场能够通过建立股权激励方式来帮助创新企业调动科研人员的积极性。在科技创新初期，资金往往成为企业科技创新的重要"瓶颈"，如何吸引科技创新人才进而加快科技创新成为创新企业面临的难题。因而，科技创新企业可以通过资本市场建立股权激励机制，克服创新初期资金匮乏、吸引人才不足的"瓶颈"。在实施股权激励时，可以通过加大股权激励比例，使项目创新人员和管理者更具动力来实施风险较大的创新项目，企业的长远发展直接与管理层和科技人员的利益密切相关。

第四章　宏观数据下融资对企业技术创新的影响

第一节　引言

改革开放以来，中国经济创造了增长奇迹，取得了巨大成就。依靠资本和低价劳动力的传统生产模式，中国在很长一段时间内都保持了经济的高速增长。随着产出的不断提高，生产要素投入—产出进入了边际递减阶段，并且带来了诸如资源环境和人力资本等问题。近年来，我国经济增长放缓，面临陷入中等收入陷阱的风险。另外，受到国际贸易争端的影响，出口的作用力不断下降。现实情况使我们必须转变经济发展方式，寻找新的经济增长动力。在此背景下，如何培育和发展创新成为政府工作的战略目标，在创新驱动战略的引导下，我国大力推动和鼓励技术创新，培育新动能，经济体不断朝着创新型国家转变，创新模式也更注重于自主创新，更加意识到科学技术尤其是前沿技术的重要性。

目前公认的衡量一个国家创新能力的指标主要有四个：一是创新投入占国民生产总值的比重在2%以上；二是科技进步贡献率达到70%以上；三是国家创新更多依赖自主创新，外部技术依存度应该低于30%；四是发明专利等创新产出总量大。在这些衡量标准中，无论是研发投入还是创新产出，企业发挥了重大作用，甚至可以说一个国家企业的创新程度决定了国家的创新水平。而企业技术创新的影响因素很多，主要包括政府的支持力度、科学技术发明的成果状况、社会资源的紧缺程度、市场竞争和市场竞争结构、企业的规模大小等因素。其中社会资源的紧缺程度尤其是社会资金的紧缺程度以及企业技术创新的资金紧缺程度是一大重要因素。

不同的经济发展阶段代表着不同的经济发展模式，在经济增长阶段，连续的技术进步让整个社会充满着生机与活力。当依靠科技创新和高新技术发展来实现经济发展时，整个经济社会面临着很大的不确定性，金融对社会的影响显得愈加重要。金融发展为科技创新提供资金支持，不断推动结构深化。金融体系的进步通过投资等方式影响经济结构的发展，进而在需求端影响产业创新和经济增长。随着金融行业的日趋成熟，由市场所主导的产业结构也会不断促进科技进步和创新。

理论上，国内外大量理论和实践研究从金融功能理论出发，基于金融发展将便利资源要素流动以及提高资源的配置效率，并最终促进全要素生产率增长的理论逻辑，就金融发展对技术创新的影响进行了一系列理论探索和经验研究。如，Aghion 等（2005）从融资功能角度进行了探讨，研究发现，由金融自由化带来的金融发展使得企业家更容易获得信贷，并且推动他们从事创新活动；国内学者彭文平（2007）认为金融体系的完善可以减小融资对创新的抑制作用，从而带来创新增加；孙伍琴和朱顺林（2008）使用省级层面数据实证检验了金融发展与技术创新之间的因果关系。从现实来看，为了实现经济的可持续发展、解决当前中国面临的"脱实向虚"问题、遵循当前创新驱动发展的战略导向，我国金融业业已开展各种方式引导金融"脱虚向实"，促进实体经济的持续健康发展。那么当前金融发展对企业技术创新的影响如何？本章拟使用宏观数据验证金融发展对本地区技术创新的影响，并进行稳健性检验。

第二节　计量检验与估计结果分析

一　模型设计

企业获取资金主要包括以下两种途径，一是可以通过由政府部门给予税收优惠政策和加大补贴力度；二是企业通过股权融资、债券融资、企业内部筹资等获取资金。就第一种途径而言，政府对于技术创新的补贴多是事后性质的，而且存在信息不对称、审批流程复杂、申请数额有限制等多种限制条件。政府资金是用有限的资金实现多方面的政府职能，其补贴数目是有一定限度的，受到优惠政策的企业也是有限的，因此企业在技术创新方面的资金来源主要依靠金融市场的完备性。而目前我国金融市场体系尚不完备，企业的股权融资和债券融资等途径多受到限制，企业内部筹集资金的方法在资金数量等方面有很大局限性，因此企业获取技术创新资金大部分采用向银行进行间接融资。

鉴于目前我国的金融体系主要是银行所主导，我们将使用银行规模来代表当地金融发展水平，检验金融发展对技术创新的影响，并建立计量模型如下：

$$innovation_{ct} = \alpha + \beta_1 sum_{ct} + \beta_2 \sum X_{ct} + \mu_c + \lambda_t + \varepsilon_{ct}$$

其中，c 和 t 分别表示地级市和年份，ε_{ct} 表示服从标准正态分布的随机干扰项。$innovation_{ct}$ 为被解释量，代表技术创新水平，学术界一般将专利数据作为技术创新的近似指标（Griliches，1998；Acs，2002；刘廷华，2021），其中，专利申请数由于受政策等因素的影响较少，更有助于有效反映创新的真实水平，因此此处使用地级市内的专利申请数并取对数来表示技术创新。sum_{ct} 代表银行分支机构发展水平，为模型主要解释变量，使用各个地级市（包括直辖市）银行分支机构数量的对数表示。X_{ct} 是所有控制变量的集合，包含产业结构、对外开放程度、固定资产投资、客运总量、人口密度、投资结构等变量。μ_c为个体固定效应，λ_t是时间固定效应。

二 数据来源和样本选择

为了检验金融发展和企业技术创新之间的关系，本章选择2007—2017年地级市专利申请数作为研究对象，通过整理共得到包含271个地级市的2000多个观测值。变量来源和释义及描述性统计见表4-1和表4-2。

表4-1 变量来源和释义

变量类型	变量名	变量意义	变量来源
被解释变量	*innovation*	地级市专利申请数的对数	中经网数据
解释变量	*sum*	地级市银行分支机构数量的对数	根据银监会网站数据计算
控制变量	产业结构	地级市第二产业占 GDP 比重	中经网数据
	对外开放程度	地级市国际贸易交易量的对数	中经网数据
	固定资产投资	地级市固定资产投资数额的对数	中经网数据
	客运总量	地级市客运总量的对数	中经网数据
	人口密度	地级市单位面积人口数	中经网数据
	投资结构	房地产投资占固定资产投资的比重	中经网数据

资料来源：作者整理所得。

表4-2 描述性统计

变量类型	变量名	观察值	均值	标准差	最小值	最大值
被解释变量	*innovation*	2382	6.50	1.76	0	11.68
解释变量	*sum*	2382	5.80	0.72	2.99	7.85
控制变量	产业结构	2382	0.36	0.09	0.04	0.61
	对外开放程度	2382	0.02	0.023	0	0.69
	固定资产投资	2381	15.75	0.90	12.92	18.15
	客运总量	2105	8.78	0.88	5.04	12.21
	人口密度	2380	5.76	0.87	1.76	7.84
	投资结构	2381	0.13	0.07	0	0.65

资料来源：作者整理所得。

三　实证结果与分析

我们将控制变量逐个加入回归中，回归结果如表 4 – 3 所示。列
（1）至（7）中结果显示，银行分支机构数量所代表的金融发展变
量显著为正且通过了 1% 的显著性检验。核心解释变量的系数在 0.5
左右，在其他变量给定的情况下，一般认为地级市银行分支机构扩
张 1 个单位可以使得地级市专利数增加 0.5 个单位左右。这表明金
融业的发展对技术创新具有促进作用，银行规模越大，银行越能为
企业技术创新提供资金支持，进而推动企业技术创新活动的开展。

表 4 – 3　　　　　　　　　　　　基准回归

变量	技术创新水平						
	（1）	（2）	（3）	（4）	（5）	（6）	（7）
金融发展	0.553 ***	0.535 ***	0.534 ***	0.552 ***	0.511 ***	0.511 ***	0.513 ***
	(4.18)	(4.02)	(4.02)	(4.14)	(3.74)	(3.74)	(3.79)
产业结构		1.307 **	1.301 **	1.243 **	0.958	0.960	0.951
		(2.20)	(2.20)	(2.17)	(1.48)	(1.46)	(1.45)
对外开放程度			– 0.475	– 0.791	– 4.150 *	– 4.151 *	– 4.329 **
			（– 0.59）	（– 0.81）	（– 1.93）	（– 1.94）	（– 2.06）
固定资产投资				0.321 ***	0.266 **	0.268 **	0.300 **
				(3.47)	(2.34)	(2.36)	(2.54)
客运总量					0.046	0.044	0.043
					(1.34)	(1.27)	(1.27)
人口密度						0.010	– 0.019
						(0.02)	（– 0.03）
投资结构							0.759
							(1.37)
个体固定效应	YES	YES	YES	YES	YES	YES	YES
时间固定效应	YES	YES	YES	YES	YES	YES	YES
_ cons	2.259 ***	1.897 **	1.911 **	– 2.929 *	– 2.103	– 2.169	– 2.579
	(3.10)	(2.55)	(2.56)	（– 1.89）	（– 1.07）	（– 0.59）	（– 0.70）
N	2382	2382	2382	2381	2105	2103	2103
R^2	0.807	0.809	0.809	0.813	0.799	0.799	0.800

注：括号中是 t 统计量，＊、＊＊和＊＊＊分别代表 10%、5% 和 1% 的显著性水平。

为了考察金融发展影响技术创新的过程中是否还受到其他变量的影响，我们借鉴 Rajan 和 Zingales（1998）的实证检验中的"交叉项"方法，就研究结论进行进一步验证。在分别引入地区产业结构、政府科技支出、经济发展水平以及人力资本作为交互项的情况下，考察这些因素在金融发展影响技术创新时的作用。具体结果如表 4－4 所示。

表 4－4   交互项影响

变量	技术创新水平			
	（1）	（2）	（3）	（4）
金融发展	0.756***	0.572***	1.790**	1.255**
	（4.09）	（3.98）	（2.27）	（2.59）
金融发展×产业结构	－0.266*			
	（－1.79）			
金融发展×政府科技支出		－0.002**		
		（－2.11）		
金融发展×经济发展水平			－0.128*	
			（－1.72）	
金融发展×人力资本				－0.171*
				（－1.83）
控制变量	YES	YES	YES	YES
个体固定效应	YES	YES	YES	YES
时间固定效应	YES	YES	YES	YES
_cons	－5.289	－9.241*	－13.048**	－8.729
	（－1.03）	（－1.80）	（－2.16）	（－1.61）
N	2103	2103	2103	2064
R^2	0.808	0.806	0.804	0.803

注：括号中是 t 统计量，*、** 和 *** 分别代表 10%、5% 和 1% 的显著性水平。

首先，我们将第三产业与第二产业的比值定义为产业结构，把产业结构与金融发展的交互项和各自的一次项代入回归中。从表

4－4 的第（1）列看出，金融发展对技术创新的影响在 1% 的显著性水平下保持显著，金融发展与产业结构的交互项系数为负。结果表明，金融的快速发展会促进地区创新能力的提高，在此过程中，产业结构的变革会削弱金融发展的作用力。也就是说产业结构的变革会影响金融促进创新的作用，而我国目前一直向第三产业转化的经济结构会抑制金融对技术创新的积极作用。

其次，我们考虑政府科学技术支出费用的影响，把科技支出与金融发展的交互项和各自的一次项代入回归中。从表 4－4 的第（2）列看出，金融发展对技术创新的影响在 1% 的显著性水平下保持显著，金融发展与科技支出的交互项系数为负。结果表明，金融的快速发展会促进地区创新能力的提高，在此过程中，政府科学技术费用的增多会削弱金融发展的作用力。也就是说，政府实施一系列支持创新的政策尽管有助于地区创新水平的提高，但是会抑制金融发展对技术创新的作用。

再次，我们考虑当地的经济发展水平的影响，将每个地区人均 GDP 与金融发展的交互项和各自的一次项代入回归中。从表 4－4 的第（3）列看出，金融发展对技术创新的影响在 5% 的显著性水平下保持显著，金融发展与人均 GDP 的交互项系数为负。结果表明，金融的快速发展会促进地区创新能力的提高，在此过程中，人均 GDP 越多越会限制金融对于创新的作用力。这说明，在控制其他变量的情况下，经济发展水平越高的地区，金融发展对于技术创新的效果越不明显。

最后，我们考虑当地的人力资本的影响，使用高等教育学生数与当地总人口的比值作为当地人力资本变量。将每个地区人力资本变量与金融发展的交互项和各自的一次项代入回归中。从表 4－4 的第（4）列看出，金融发展对技术创新的影响在 5% 的显著性水平下保持显著，金融发展与人力资本的交互项系数为负。结果表明，金融的快速发展会促进地区创新能力的提高，在此过程中，人力资本高会限制金融对于技术创新的作用力。

第三节　本章小结

本章借助于 2007—2017 年地级市数据，在宏观层面检验了金融发展对技术创新的影响，得出的结论如下。

从地级市层面来看，金融发展对于企业技术创新能力的影响具有显著的正面作用，以银行为主导的金融体系对于技术创新有显著的正面作用。在金融发展影响当地创新能力的过程中会受到地区产业结构、政府科技支出、经济发展水平以及人力资本等因素的影响，并且影响为负，说明在其他有助于创新的因素下，金融发展对技术创新的影响将会减少。因此，要进一步推进供给侧结构性改革，目前中国不论是产业结构还是经济结构都处在由低级向高级不断转化的过程中，经济发展会对金融体系产生更多的要求。这就需要政府不断优化金融体系服务效率，提高服务水平和服务质量。在由银行主导的银行体系向市场主导型金融体系转化的过程中，处理好政府与市场的关系，尽可能地维持宏观经济稳定，不断支持实体经济创新和发展。

第五章　微观数据下融资对企业技术创新的影响

　　熊彼特在其创新理论中强调了生产技术和方法的革新对于经济发展的关键作用。创新是经济可持续性健康发展的强化剂，是建设现代化经济体系的战略支撑。党中央始终强调创新在经济发展中的重要驱动作用，党的十九大报告中明确指出"坚定实施创新驱动发展战略，将这一战略作为一项重大而长期的任务，摆在国家发展全局的核心位置"。党的十九届五中全会指出"坚持创新驱动发展，全面塑造发展新优势"。随着我国经济的深入发展，改革开放进入深水区，发展便是攻坚期解决一切问题的基础和关键，而创新是引领发展的第一动力。

　　创新不仅是一个长期的过程，还需要一定资金的稳定投入。企业技术创新活动中，无论是引进、改进还是创造新技术，都需要资金支持。资金直接影响到企业技术创新活动的有效性与产出效率。企业虽可用自身内部的资金，但因为创新本身所具有的高风险性、未知性和时效性，导致大多数企业以较少的意愿去利用企业内部的现金流中的资金去投资创新，更多的是期望通过金融市场这个媒介获得外部的资金资源，进而维系企业技术创新发展。因此，金融支持的多寡会直接影响企业技术创新行为的成本和效益产出。因此，在举国创新的大背景下，融资对企业技术创新活动产出的效能问题值得我们探讨研究。本章利用2007—2015年的上市公司专利数据，从微观层面，发现金融机构数量对企业的技术创新效应，并逐一加入公司内部财务指标控制变量和地级市控制变量，进行稳健性检验。在此基础上，通过企业分组发现金融机构数量对于不同类型企业技术创新的影响，借助门限回归发现金融机构数量影响企业技术创新的门槛值，最后根据实证结果得到一定的政策启示。

第一节　研究设计

一　模型构建

与前文的分析类似，鉴于目前我国的金融体系主要是由银行所主导，我们将使用银行规模代表融资，并从微观层面检验融资对企业技术创新的影响，建立计量模型如下：

$$\ln\_patent\_grant_{it} = \alpha_0 + \beta_1 lsum_{it} + \beta_2 \sum X_{it} + year_t + code_i + \varepsilon_{it}$$

$$\ln\_patent\_apply_{it} = \alpha_0 + \beta_1 lsum_{it} + \beta_2 \sum X_{it} + year_t + code_i + \varepsilon_{it}$$

其中，i 和 t 分别表示企业和年份。$\ln\_patent\_apply$ 和 $\ln\_patent\_grant$ 分别为企业 i 的专利申请量和授权量的对数，其中在申请量和授权量中分别有发明型专利、实用新型专利以及外观设计型专利三种类型。$lsum$ 表示各个地级市（包括直辖市）金融机构数量的对数，我们把该变量作为主要的核心解释变量，代表了该地区的融资水平。为缓解内生性问题，X_{it} 为一组控制变量，既有地级市层面的也有企业层面的数据。同时，我们控制了时间固定效应（$year_t$）、企业个体固定效应（$code_i$），ε_{it} 为随机扰动项。

二　变量说明与数据来源

本章从微观层面阐述融资支持对企业技术创新的影响，考虑到数据的齐整性，我们以 2007—2015 年的上市公司为主要研究样本。样本选择的具体步骤如下：

（1）关于企业技术创新性行为的量化度量不同学者给出了不同方案。对于企业的创新性行为，专利是创新产出的一个直观结果，我们在 EPS 数据平台收集了 2007—2015 年的上市公司专利申请数据和专利授权数据。在基准回归中，采用直接取对数的方式进行对数变换，将二者作为被解释变量。由于我们观察到，在各上市公司的专利数据中有大量无专利产出的样本企业。虽然可能会产生一定的样本自选择问题，但我们并没有采取 +1 取对数的方式或者 Heckman 两步法进行回归结果的校正，这是因为我们将专利数据分为三大类，即发明专利、实用新型专利、外观设计专利，并采用直接取对数的方式进行计算，丁文君等（2019）、毛昊等（2018）在文章中都不同程度地提到了实用新型专利的重要性。并且李青文（2019）也提到外观设计类专利是技术创新的一种侧面印证，具有较强的说服力。

（2）由于想要检视地级市金融发展程度对当地上市公司创新行为的激励或抑制作用，我们采用了金融机构数量作为金融发展程度的代理变量。该核心解释变量为笔者从中国银行相关披露文件中手工整理得到，因获取的数据为县域级别的银行分支机构数量（其中包括邮政储蓄银行），我们按照城市级别加总，得到 2007—2015 年以地级市为单位的金融机构存量数据。

（3）控制变量的选取，在企业层面，由于企业的创新决策行为、产出与其自身企业的经营能力息息相关，相比于规模体量较小的上市公司，大公司一般拥有更优质的禀赋资源，也即较低的营业成本、更为庞大的资产规模、更高的资产收益率与利润率、更低的资产负债率等。因此我们参照了研究金融企业、上市公司行为学者的相关研究，最终选取国泰安数据库（CSMAR）中的营业总成本、营业总收入、净利润、资产负债率、有形资产负债率、经营活动所产生的现金流量净额、总资产利润率、净资产收益率、营业净利率，以此作为企业层面的控制变量以削减遗漏变量偏误所带来的内生性问题。同时，企业作为一个市场金融主体，其经营发展水平与我国的经济金融、投资、贸易、科技、人力资本等因素息息相关，因此为了避免因来自外部的系统性风险和冲击给研究带来的困扰，我们在国家统计局地市级数据中收集了产业结构、对外开放程度、固定资产投资、经济发展、客运总量、人口密度、人力资本、投资结构，由于以上变量与我们的创新产出相关，同样可以削弱因遗漏变量所带来的内生性问题。

三　数据处理与统计性描述

表 5 – 1　　　　　　　　　变量统计性描述

变量	均值	标准差	样本数量（个）
所有专利申请量的对数	3.019992	1.423493	3936
发明专利申请量的对数	2.088382	1.434045	3936
实用新型专利申请量的对数	2.139761	1.550397	3936
外观设计专利申请量的对数	0.798489	1.263625	3936
所有专利授权量的对数	2.814534	1.438176	3936
发明专利授权量的对数	1.61732	1.343379	3936
实用新型专利授权量的对数	2.139586	1.550257	3936
外观设计专利授权量的对数	0.7974823	1.262623	3936
营业总成本	7.77e+09	1.60e+10	3936
营业总收入	7.36e+09	1.54e+10	3936
净利润	4.27e+08	1.36e+09	3936
资产负债率	0.4616718	0.2031999	3936
有形资产负债率	0.4958778	0.2271226	3936
经营活动所产生的现金流量净额	6.51e+08	2.23e+09	3936
总资产利润率	0.0405658	0.0564307	3936
净资产收益率	0.0630042	0.2633277	3936
营业净利率	0.0667303	0.2371959	3936
产业结构	0.5203403	0.1186375	3936
对外开放程度	0.0321771	0.0438048	3936
固定资产投资	2.44e+07	1.73e+07	3936
经济发展	96316.36	106359.7	3936
客运总量	29317.81	40865.27	3936
人口密度	686.6418	402.1658	3936
人力资本	437.073	372.7982	3936
投资结构	0.2266105	0.10796	3936

资料来源：作者整理所得。

申请和授权专利数据的统计性描述，可以看到在专利申请量中，外观设计类的专利最低为 0.798489，而发明专利和实用新型专利的均值差异不大，虽然专利数据为非负不连续，但是均值和标准差差距不大，我们不需要使用负二项回归分布。在控制变量中，在公司层面，我们采用了公司内部的相关财务指标营业总成本、营业总收入、净利润、资产负债率、有形资产负债率、经营活动所产生的现金流量净额、总资产利润率、净资产收益率、营业净利率，相关财务指标均为未取对数的原始数据。同样的，在地级市层面，我们采用产业结构、对外开放程度、固定资产投资、经济发展、客运总量、人口密度、人力资本、投资结构，具体测度方法与前文一致。

第二节　基准回归

根据上文所述模型，为全面系统分析在微观层面，融资对企业技术创新的影响，我们将地市级的金融机构数量作为解释变量，首先分别把全部专利的申请量、发明专利的申请量、实用新型专利的申请量、外观设计专利的申请量作为被解释变量，其次把全部专利的授权量、发明专利的授权量、实用新型专利的授权量、外观设计专利的授权量作为被解释变量。回归过程中，采取首先加入公司内部财务指标，而后逐一加入地级市的控制变量的方式以控制内生性的影响。我们在所有模型中均同时控制了上市公司个体以及年份固定效应。

表 5 - 2 给出了使用金融机构数量表示的融资对企业层面全部专利申请数量的影响，我们可以看到，在表 5 - 2 第（1）列中，金融机构数量对全部专利申请数量具有正向影响，金融机构在地方扩张 1 个单位将会带来公司专利申请数量 2.106 个单位的提升。第（2）—（10）列分别为逐一加入公司内部的相关财务指标营业总成本、营业总收入、净利润、资产负债率、有形资产负债率、经营活

动所产生的现金流量净额、总资产利润率、净资产收益率、营业净利率后的估计结果，发现虽然金融机构数量影响全部专利申请的弹性系数有微小变化，但系数始终稳定在 1.8 左右，说明金融机构数量对全部专利申请数量的影响具有一定的稳健性。

在控制住公司内部的控制变量后，我们逐一加入地级市层面的控制变量，进一步考察融资对企业技术创新的影响。表 5-3 第 (1) (2) 列表示依次加入产业结构、对外开放程度后的估计结果，我们发现估计系数为 1.75 左右，再逐一加入其他地级市层面的控制变量固定资产投资、经济发展、客运总量、人口密度、人力资本、投资结构后，我们发现估计系数始终稳定在 0.7—0.8。证明了回归结果的稳定性。

为了详细说明融资对不同类型专利申请的影响，表 5-4 和表 5-5 给出了发明专利的情况。我们可以看到在表 5-4 第 (1) 列中，金融机构数量对发明专利申请数量具有正向影响，金融机构在地方扩张 1 个单位将会带来公司发明专利的申请数量 2 个单位的提升。第 (2) — (10) 列为逐一加入公司内部的相关财务指标营业总成本、营业总收入、净利润、资产负债率、有形资产负债率、经营活动所产生的现金流量净额、总资产利润率、净资产收益率、营业净利率后，发现虽然弹性系数有微小变化，但在此过程中系数始终稳定在 1.8 左右，说明金融机构数量对发明专利的申请数量的影响具有一定的稳健性。进一步地，我们逐一加入地级市层面控制变量后的结果见表 5-5，我们发现，金融机构数量影响发明专利申请数量的估计系数基本稳定在 0.4—0.6，结果较为稳健。

接下来我们分析实用新型专利的情况，可以看到在表 5-6 第 (1) 列中，金融机构数量对实用新型专利的申请数量具有正向影响，金融机构在地方扩张 1 个单位将会带来公司实用新型专利申请数量 2.069 个单位的提升，略小于全部专利和发明专利的估计系数。第 (2) — (10) 列为逐一加入公司内部的相关财务指标营业总成本、营业总收入、净利润、资产负债率、有形资产负债率、经营活

表 5 - 2　金融机构数量对全部专利申请的影响（公司层面）

变量	(1)	(2)	(3)	(4)	(5)	(6)	(7)	(8)	(9)	(10)
金融机构数量	2.106***	1.850***	1.851***	1.848***	1.832***	1.819***	1.813***	1.816***	1.811***	1.817***
	(14.5)	(12.6)	(12.6)	(12.68)	(12.5)	(12.4)	(12.4)	(12.4)	(12.4)	(12.4)
个体固定效应	YES	YES	YES	YES	YES	YES	YES	YES	YES	YES
时间固定效应	YES	YES	YES	YES	YES	YES	YES	YES	YES	YES
_cons	-10.88***	-9.380***	-9.389***	-9.368***	-9.455***	-9.358***	-9.314***	-9.341***	-9.333***	-9.363***
	(-11.4)	(-9.85)	(-9.82)	(-9.84)	(-9.96)	(-9.86)	(-9.84)	(-9.75)	(-9.73)	(-9.77)
N	3936	3936	3936	3936	3936	3936	3936	3936	3932	3932

注：括号中是 t 统计量，*、** 和 *** 分别代表 10%、5% 和 1% 的显著性水平。

表 5 - 3　金融机构数量对全部专利申请的影响（公司层面和地级市层面）

变量	(1)	(2)	(3)	(4)	(5)	(6)	(7)	(8)
金融机构数量	1.752***	1.753***	0.875***	0.768***	0.779***	0.750***	0.738***	0.712***
	(12.22)	(12.23)	(5.02)	(4.34)	(4.09)	(3.91)	(3.85)	(3.65)
个体固定效应	YES	YES	YES	YES	YES	YES	YES	YES
时间固定效应	YES	YES	YES	YES	YES	YES	YES	YES
_cons	-9.423***	-9.413***	-4.096***	-3.521**	-3.628**	-3.201**	-3.254**	-3.096*
	(-10.05)	(-10.05)	(-3.76)	(-3.23)	(-3.12)	(-2.61)	(-2.65)	(-2.48)
N	3932	3932	3930	3930	3274	3273	3248	3248

注：括号中是 t 统计量，*、** 和 *** 分别代表 10%、5% 和 1% 的显著性水平。

表 5 - 4　　　金融机构数量对发明专利申请数量的影响（公司层面）

变量	(1)	(2)	(3)	(4)	(5)	(6)	(7)	(8)	(9)	(10)
金融机构数量	2.143***	1.855***	1.837***	1.850***	1.833***	1.820***	1.866***	1.827***	1.845***	1.834***
	(12.68)	(11.25)	(11.37)	(11.26)	(11.02)	(11.13)	(11.09)	(11.06)	(11.65)	(11.02)
个体固定效应	YES	YES	YES	YES	YES	YES	YES	YES	YES	YES
时间固定效应	YES	YES	YES	YES	YES	YES	YES	YES	YES	YES
_cons	-12.05***	-10.36***	-10.05***	-10.34***	-10.18***	-10.41***	-10.26***	-10.48***	-10.35***	-10.54***
	(-10.81)	(-9.61)	(-10.01)	(-9.54)	(-9.81)	(-9.72)	(-9.46)	(-9.62)	(-9.42)	(-9.21)
N	3936	3936	3936	3936	3936	3936	3936	3936	3936	3936

注：括号中是 t 统计量，*、**和***分别代表10%、5%和1%的显著性水平。

表 5 - 5　　　金融机构数量对发明专利申请数量的影响（公司层面和地级市面）

变量	(1)	(2)	(3)	(4)	(5)	(6)	(7)	(8)
金融机构数量	1.730***	1.731***	0.652***	0.596***	0.551**	0.495*	0.490*	0.480*
	(10.82)	(10.83)	(3.43)	(3.07)	(2.84)	(2.56)	(2.55)	(2.46)
个体固定效应	YES	YES	YES	YES	YES	YES	YES	YES
时间固定效应	YES	YES	YES	YES	YES	YES	YES	YES
_cons	-10.64***	-10.62***	-4.084***	-3.787**	-3.571**	-2.751*	-2.946*	-2.887*
	(-10.17)	(-10.17)	(-3.42)	(-3.13)	(-2.97)	(-2.21)	(-2.37)	(-2.30)
N	3932	3932	3930	3930	3274	3273	3248	3248

注：括号中是 t 统计量，*、**和***分别代表10%、5%和1%的显著性水平。

动所产生的现金流量净额、总资产利润率、净资产收益率、营业净利率后的结果，发现虽然弹性系数有微小变化，但系数始终稳定在1.75—1.85，说明金融机构数量对实用新型专利申请数量的影响具有一定的稳健性。

在控制住公司内部的控制变量后，我们进一步逐一加入产业结构、对外开放程度、固定资产投资、经济发展、客运总量、人口密度、人力资本、投资结构等地级市层面的控制变量，发现融资影响企业实用新型专利申请的估计结果总体较为稳定（见表5-7）。

然后是外观设计专利的情况，表5-8第（1）列中结果显示，金融机构数量对外观设计专利申请数量具有正向影响，金融机构在地方扩张1个单位将会带来公司外观设计专利申请数量0.509个单位的提升。估计系数在三种专利类型中最小。第（2）—（10）列为逐一加入公司内部的相关财务指标营业总成本、营业总收入、净利润、资产负债率、有形资产负债率、经营活动所产生的现金流量净额、总资产利润率、净资产收益率、营业净利率后的回归结果，发现虽然弹性系数有微小变化，但系数始终稳定在0.45左右，说明金融机构数量对外观专利的申请数量具有一定的稳健性。

进一步地，在控制住公司内部的控制变量后，我们逐一加入地级市层面的控制变量，发现估计系数始终稳定在0.5左右，这与只控制上市公司层面的估计结果基本一致（见表5-9）。

为了全面分析微观层面融资对企业技术创新的影响，我们进一步采用专利授权数量作为企业技术创新的替代变量，并做计量检验。表5-10给出了金融机构数量对所有专利授权数量的影响结果，我们可以看到，表5-10第（1）列中，金融机构数量对所有专利授权数量具有正向影响，金融机构在地方扩张1个单位将会带来公司所有专利授权数量1.871个单位的提升。在逐一加入公司内部的相关财务指标营业总成本、营业总收入、净利润、资产负债率、有形资产负债率、经营活动所产生的现金流量净额、总资产利润率、净资产收益率、营业净利率后，发现虽然弹性系数有微小变化，但

表 5 - 6　　　金融机构数量对实用新型专利申请数量的影响（公司层面）

变量	(1)	(2)	(3)	(4)	(5)	(6)	(7)	(8)	(9)	(10)
金融机构数量	2.069***	1.818***	1.819***	1.818***	1.801***	1.790***	1.787***	1.769***	1.758***	1.764***
	(12.44)	(10.79)	(10.74)	(10.76)	(10.63)	(10.57)	(10.56)	(10.36)	(10.28)	(10.32)
个体固定效应	YES	YES	YES	YES	YES	YES	YES	YES	YES	YES
时间固定效应	YES	YES	YES	YES	YES	YES	YES	YES	YES	YES
_cons	-11.51***	-10.04***	-10.06***	-10.05***	-10.15***	-10.07***	-10.04***	-9.876***	-9.820***	-9.857***
	(-10.4)	(-9.12)	(-9.08)	(-9.10)	(-9.20)	(-9.13)	(-9.11)	(-8.81)	(-8.74)	(-8.78)
N	3936	3936	3936	3936	3936	3936	3936	3936	3932	3932

注：括号中是 t 统计量，*、**和***分别代表 10%、5%和 1%的显著性水平。

表 5 - 7　　金融机构数量对实用新型专利申请数量的影响（公司层面和地级市层面）

变量	(1)	(2)	(3)	(4)	(5)	(6)	(7)	(8)
金融机构数量	1.689***	1.689***	0.764***	0.658**	0.654**	0.648**	0.628**	0.576*
	(9.90)	(9.90)	(3.54)	(2.97)	(2.92)	(2.85)	(2.77)	(2.56)
个体固定效应	YES	YES	YES	YES	YES	YES	YES	YES
时间固定效应	YES	YES	YES	YES	YES	YES	YES	YES
_cons	-9.926***	-9.921***	-4.323***	-3.754***	-3.760**	-3.704**	-3.837***	-3.514*
	(-9.07)	(-9.08)	(-3.24)	(-2.78)	(-2.78)	(-2.57)	(-2.67)	(-2.46)
N	3932	3932	3930	3930	3274	3273	3248	3248

注：括号中是 t 统计量，*、**和***分别代表 10%、5%和 1%的显著性水平。

表 5－8　　金融机构数量对外观设计专利申请数量的影响（公司层面）

变量	(1)	(2)	(3)	(4)	(5)	(6)	(7)	(8)	(9)	(10)
金融机构数量	0.509***	0.473***	0.473***	0.466***	0.458***	0.451***	0.450***	0.446***	0.448***	0.449***
	(4.63)	(4.05)	(4.05)	(4.02)	(3.89)	(3.82)	(3.81)	(3.77)	(3.78)	(3.78)
个体固定效应	YES	YES	YES	YES	YES	YES	YES	YES	YES	YES
时间固定效应	YES	YES	YES	YES	YES	YES	YES	YES	YES	YES
_cons	-2.560***	-2.347**	-2.348**	-2.300**	-2.344**	-2.297**	-2.289**	-2.251**	-2.267**	-2.271**
	(-3.53)	(-3.08)	(-3.08)	(-3.04)	(-3.12)	(-3.03)	(-3.02)	(-2.94)	(-2.96)	(-2.96)
N	3936	3936	3936	3936	3936	3936	3936	3936	3932	3932

注：括号中是 t 统计量，*、**和***分别代表10%、5%和1%的显著性水平。

表 5－9　　金融机构数量对外观设计专利申请数量的影响（公司层面和地级市层面）

变量	(1)	(2)	(3)	(4)	(5)	(6)	(7)	(8)
金融机构数量	0.457***	0.457***	0.535***	0.514***	0.530**	0.497**	0.492*	0.494*
	(3.78)	(3.78)	(3.32)	(3.08)	(2.79)	(2.59)	(2.56)	(2.53)
个体固定效应	YES	YES	YES	YES	YES	YES	YES	YES
时间固定效应	YES	YES	YES	YES	YES	YES	YES	YES
_cons	-2.263**	-2.260**	-2.733**	-2.616*	-2.663*	-2.146	-2.081	-2.095
	(-2.95)	(-2.95)	(-2.74)	(-2.55)	(-2.27)	(-1.78)	(-1.72)	(-1.71)
N	3932	3932	3930	3930	3274	3273	3248	3248

注：括号中是 t 统计量，*、**和***分别代表10%、5%和1%的显著性水平。

表 5 - 10　　金融机构数量对所有专利授权数量的影响（公司层面）

变量	(1)	(2)	(3)	(4)	(5)	(6)	(7)	(8)	(9)	(10)
金融机构数量	1.871***	1.630***	1.631***	1.630***	1.618***	1.608***	1.604***	1.618***	1.613***	1.619***
	(13.32)	(11.37)	(11.33)	(11.35)	(11.23)	(11.18)	(11.18)	(11.26)	(11.21)	(11.27)
个体固定效应	YES	YES	YES	YES	YES	YES	YES	YES	YES	YES
时间固定效应	YES	YES	YES	YES	YES	YES	YES	YES	YES	YES
_cons	-9.536***	-8.123***	-8.133***	-8.124***	-8.190***	-8.120***	-8.089***	-8.221***	-8.203***	-8.237***
	(-10.2)	(-8.68)	(-8.66)	(-8.66)	(-8.76)	(-8.69)	(-8.68)	(-8.74)	(-8.70)	(-8.75)
N	3936	3936	3936	3936	3936	3936	3936	3936	3932	3932

注：括号中是 t 统计量，*、**和***分别代表10%、5%和1%的显著性水平。

表 5 - 11　　金融机构数量对所有专利授权数量的影响（公司层面和地级市层面）

变量	(1)	(2)	(3)	(4)	(5)	(6)	(7)	(8)
金融机构数量	1.566***	1.567***	0.832***	0.747***	0.763***	0.738***	0.724***	0.694***
	(11.07)	(11.08)	(4.72)	(4.14)	(3.88)	(3.73)	(3.66)	(3.45)
个体固定效应	YES	YES	YES	YES	YES	YES	YES	YES
时间固定效应	YES	YES	YES	YES	YES	YES	YES	YES
_cons	-8.285***	-8.274***	-3.826***	-3.371***	-3.484**	-3.118*	-3.135*	-2.947*
	(-8.90)	(-8.90)	(-3.45)	(-3.02)	(-2.90)	(-2.49)	(-2.50)	(-2.31)
N	3932	3932	3930	3930	3274	3273	3248	3248

注：括号中是 t 统计量，*、**和***分别代表10%、5%和1%的显著性水平。

大部分回归系数始终稳定在 1.6 左右，说明金融机构数量对所有专利的授权数量具有一定的稳健性［详见表 5 - 10 第（2）—（10）列］。

在控制住公司内部的控制变量后，我们逐一加入地级市层面的控制变量，发现估计系数产生虽然有一定波动，但随着控制变量的增加，估计系数基本稳定在 0.7 左右（见表 5 - 11）。

表 5 - 12 和表 5 - 13 给出了金融机构数量对发明专利授权数量的影响，我们可以看到在表 5 - 12 第（1）列中，金融机构数量对发明专利授权数量具有正向影响，金融机构在地方扩张 1 个单位将会带来公司发明专利的授权数量 1.484 个单位的提升。第（2）—（10）列为逐一加入公司内部的相关财务指标营业总成本、营业总收入、净利润、资产负债率、有形资产负债率、经营活动所产生的现金流量净额、总资产利润率、净资产收益率、营业净利率后的回归结果，发现虽然弹性系数有微小变化，但系数始终稳定在 1.2—1.3，说明金融机构数量对发明专利的授权数量具有一定的稳健性。表 5 - 13 表示在控制住公司内部的控制变量后，我们逐一加入产业结构、对外开放程度、固定资产投资、经济发展、客运总量、人口密度、人力资本、投资结构等地级市层面的控制变量的估计结果，发现估计系数始终稳定在 0.4 左右。

表 5 - 14 和表 5 - 15 给出了金融机构数量对实用新型专利授权数量的影响，表 5 - 14 依次加入公司内部相关财务指标的回归结果显示，金融机构数量对发明专利授权数量的影响显著为正，系数在 1.8 左右，进一步加入地级市层面控制变量后，表 5 - 15 显示的结果同样较为稳健。

表 5 - 16 和表 5 - 17 给出了金融机构数量对外观设计专利授权数量的影响，表 5 - 16 依次加入公司内部相关财务指标的回归结果和表 5 - 17 进一步加入地级市层面控制变量的回归结果，均表明，融资对外观设计专利授权量的影响显著为正，系数基本稳定在 0.5 左右。

表 5-12　金融机构数量对发明专利授权数量的影响（公司层面）

变量	(1)	(2)	(3)	(4)	(5)	(6)	(7)	(8)	(9)	(10)
金融机构数量	1.484***	1.231***	1.231***	1.228***	1.221***	1.222***	1.222***	1.253***	1.257***	1.259***
	(9.93)	(8.60)	(8.57)	(8.59)	(8.53)	(8.56)	(8.58)	(8.70)	(8.67)	(8.67)
个体固定效应	YES	YES	YES	YES	YES	YES	YES	YES	YES	YES
时间固定效应	YES	YES	YES	YES	YES	YES	YES	YES	YES	YES
_cons	-8.178***	-6.691***	-6.704***	-6.685***	-6.728***	-6.737***	-6.739***	-7.025***	-7.060***	-7.070***
	(-8.29)	(-7.14)	(-7.12)	(-7.14)	(-7.19)	(-7.22)	(-7.24)	(-7.42)	(-7.41)	(-7.41)
N	3936	3936	3936	3936	3936	3936	3936	3936	3932	3932

注：括号中是 t 统计量，*、**和***分别代表10%、5%和1%的显著性水平。

表 5-13　金融机构数量对发明专利授权数量的影响（公司层面和地级市层面）

变量	(1)	(2)	(3)	(4)	(5)	(6)	(7)	(8)
金融机构数量	1.176***	1.177***	0.401*	0.412*	0.394*	0.356*	0.350	0.335
	(8.42)	(8.43)	(2.31)	(2.32)	(2.17)	(1.98)	(1.95)	(1.84)
个体固定效应	YES	YES	YES	YES	YES	YES	YES	YES
时间固定效应	YES	YES	YES	YES	YES	YES	YES	YES
_cons	-7.146***	-7.132***	-2.434*	-2.490*	-2.359*	-1.769	-1.843	-1.754
	(-7.73)	(-7.72)	(-2.21)	(-2.23)	(-2.10)	(-1.54)	(-1.61)	(-1.52)
N	3932	3932	3930	3930	3274	3273	3248	3248

注：括号中是 t 统计量，*、**和***分别代表10%、5%和1%的显著性水平。

表 5 - 14　　　　金融机构数量对实用新型专利授权数量的影响（公司层面）

变量	(1)	(2)	(3)	(4)	(5)	(6)	(7)	(8)	(9)	(10)
金融机构数量	2.069***	1.818***	1.819***	1.818***	1.801***	1.791***	1.787***	1.769***	1.758***	1.765***
	(12.44)	(10.80)	(10.74)	(10.76)	(10.63)	(10.58)	(10.57)	(10.36)	(10.28)	(10.33)
个体固定效应	YES	YES	YES	YES	YES	YES	YES	YES	YES	YES
时间固定效应	YES	YES	YES	YES	YES	YES	YES	YES	YES	YES
_cons	-11.52***	-10.05***	-10.06***	-10.06***	-10.15***	-10.07***	-10.05***	-9.880***	-9.824***	-9.861***
	(-10.4)	(-9.12)	(-9.08)	(-9.10)	(-9.20)	(-9.13)	(-9.12)	(-8.81)	(-8.75)	(-8.79)
N	3936	3936	3936	3936	3936	3936	3936	3936	3932	3932

注：括号中是 t 统计量，*、**和***分别代表 10%、5% 和 1% 的显著性水平。

表 5 - 15　　金融机构数量对实用新型专利授权数量的影响（公司层面和地级市层面）

变量	(1)	(2)	(3)	(4)	(5)	(6)	(7)	(8)
金融机构数量	1.689***	1.690***	0.764***	0.658**	0.654**	0.648**	0.628**	0.575*
	(9.90)	(9.91)	(3.54)	(2.97)	(2.92)	(2.85)	(2.77)	(2.56)
个体固定效应	YES	YES	YES	YES	YES	YES	YES	YES
时间固定效应	YES	YES	YES	YES	YES	YES	YES	YES
_cons	-9.930***	-9.925***	-4.325**	-3.754**	-3.760**	-3.701**	-3.835**	-3.512*
	(-9.08)	(-9.08)	(-3.24)	(-2.78)	(-2.77)	(-2.57)	(-2.67)	(-2.46)
N	3932	3932	3930	3930	3274	3273	3248	3248

注：括号中是 t 统计量，*、**和***分别代表 10%、5% 和 1% 的显著性水平。

表 5 - 16　　金融机构数量对外观设计专利授权数量的影响（公司层面）

变量	(1)	(2)	(3)	(4)	(5)	(6)	(7)	(8)	(9)	(10)
金融机构数量	0.516***	0.479***	0.479***	0.472***	0.465***	0.458***	0.457***	0.453***	0.455***	0.456***
	(4.71)	(4.12)	(4.12)	(4.09)	(3.97)	(3.90)	(3.89)	(3.84)	(3.84)	(3.85)
个体固定效应	YES	YES	YES	YES	YES	YES	YES	YES	YES	YES
时间固定效应	YES	YES	YES	YES	YES	YES	YES	YES	YES	YES
_cons	-2.605***	-2.393**	-2.394**	-2.346**	-2.390**	-2.343**	-2.336**	-2.295**	-2.311**	-2.315**
	(-3.61)	(-3.15)	(-3.16)	(-3.11)	(-3.19)	(-3.11)	(-3.10)	(-3.01)	(-3.02)	(-3.02)
N	3936	3936	3936	3936	3936	3936	3936	3936	3932	3932

注：括号中是 t 统计量，*、**和***分别代表 10%、5% 和 1% 的显著性水平。

表 5 - 17　　金融机构数量对外观设计专利授权数量的影响（公司层面和地级市层面）

变量	(1)	(2)	(3)	(4)	(5)	(6)	(7)	(8)
金融机构数量	0.463***	0.463***	0.539***	0.516**	0.531**	0.497**	0.492*	0.493*
	(3.84)	(3.84)	(3.34)	(3.09)	(2.80)	(2.59)	(2.57)	(2.52)
个体固定效应	YES	YES	YES	YES	YES	YES	YES	YES
时间固定效应	YES	YES	YES	YES	YES	YES	YES	YES
_cons	-2.308**	-2.305**	-2.765**	-2.639*	-2.682*	-2.155*	-2.091	-2.094
	(-3.02)	(-3.01)	(-2.78)	(-2.57)	(-2.29)	(-1.79)	(-1.73)	(-1.71)
N	3932	3932	3930	3930	3274	3273	3248	3248

注：括号中是 t 统计量，*、**和***分别代表 10%、5% 和 1% 的显著性水平。

综上，我们发现，就微观层面而言，融资对企业技术创新的影响显著为正，控制公司层面和地级市层面后的结果同样具有稳健性，同时，区分专利类型的估计结果同样验证了金融机构数量带来的融资资源的增加有助于企业技术创新活动的增加。

第三节　企业分组比较研究

一　融资对企业技术创新的影响——分东中西部

由于各地区经济发展水平差异较大，可能对融资对企业技术创新活动的作用产生一定影响，因此，我们首先按照国家分类标准，将省份分为东部、中部、西部三类。[①] 表 5 – 18 的估计结果显示，在控制了个体固定效应和时间固定效应后，对于专利申请而言，金融机构数量的增多对中部省份企业的全部专利、发明专利以及实用新型专利有正向促进作用，而对于东部和西部省份各种形式的专利以及全部专利的影响并不明显。一方面，这可能由于东部地区经济水平、开放程度更高、更容易接触技术的外溢，因此金融机构的扩张对企业的技术产出没有明显的促进作用。另一方面，西部地区经济落后、地区闭塞，因此金融机构的扩张，可能由于技术研发投资周期长、回报率的不确定性导致企业技术创新积极性减弱。

表 5 – 19 为东中西部专利授权量的异质性检验，我们发现专利授权量与专利申请量的估计结果基本一致，中部地区金融机构的扩张有利于企业进行一系列创新行为，而对于东部和西部的结果并不显著。

[①] 东部地区包括北京、天津、河北、辽宁、上海、江苏、浙江、福建、山东、广东、海南。中部地区包括山西、吉林、黑龙江、安徽、江西、河南、湖北、湖南。西部地区包括四川、重庆、贵州、云南、西藏、陕西、甘肃、青海、宁夏、新疆、广西、内蒙古。

表 5－18　　　　　　　　　　东中西部企业专利申请量的异质性检验

变量	东部企业全部专利	中部企业全部专利	西部企业全部专利	东部企业发明专利	中部企业发明专利	西部企业发明专利	东部企业实用新型	中部企业实用新型	西部企业实用新型	东部企业外观设计	中部企业外观设计	西部企业外观设计
金融机构数量	0.508* (2.09)	1.56*** (3.88)	-0.38 (-0.6)	0.214 (0.96)	1.70*** (3.62)	-0.137 (-0.2)	0.172 (0.64)	1.69*** (3.86)	-0.56 (-1.0)	0.60* (2.12)	0.128 (0.45)	-0.01 (-0.0)
_cons	-1.913 (-1.1)	-7.13** (-2.8)	1.851 (0.50)	-1.26 (-0.8)	-8.96** (-3.9)	-0.193 (-0.1)	-1.270 (-0.7)	-9.3*** (-3.5)	0.523 (0.15)	-2.534 (-1.3)	-0.410 (-0.2)	0.841 (0.34)
个体固定效应	YES	YES	YES	YES	YES	YES	YES	YES	YES	YES	YES	YES
时间固定效应	YES	YES	YES	YES	YES	YES	YES	YES	YES	YES	YES	YES
N	1627	992	629	1627	992	629	1627	992	629	1627	992	629

注：括号中是 t 统计量，*、**和***分别代表10%、5%和1%的显著性水平。

表 5－19　　　　　　　　　　东中西部企业专利授权量的异质性检验

变量	东部企业全部专利	中部企业全部专利	西部企业全部专利	东部企业发明专利	中部企业发明专利	西部企业发明专利	东部企业实用新型	中部企业实用新型	西部企业实用新型	东部企业外观设计	中部企业外观设计	西部企业外观设计
金融机构数量	0.0956 (0.47)	1.63*** (3.86)	-1.013 (-1.5)	0.491 (1.94)	1.50*** (3.81)	-0.796 (-1.4)	0.170 (0.63)	1.69*** (3.87)	-0.555 (-1.0)	0.587* (2.08)	0.127 (0.45)	0.0122 (0.03)
_cons	-0.134 (-0.1)	-8.593*** (-3.4)	3.886 (0.98)	-1.806 (-1.0)	-6.957** (-2.8)	3.653 (1.00)	-1.262 (-0.7)	-9.325*** (-3.5)	0.530 (0.15)	-2.495 (-1.3)	-0.406 (-0.2)	0.710 (0.29)
个体固定效应	YES	YES	YES	YES	YES	YES	YES	YES	YES	YES	YES	YES
时间固定效应	YES	YES	YES	YES	YES	YES	YES	YES	YES	YES	YES	YES
N	1627	992	629	1627	992	629	1627	992	629	1627	992	629

注：括号中是 t 统计量，*、**和***分别代表10%、5%和1%的显著性水平。

二 融资对企业技术创新的影响——分工业企业与非工业企业

由于我们主要关注企业通过银行贷款获得的融资资源，因此抵押品的多少将直接影响融资获取，并对创新活动产生不同影响。就企业的行业特征而言，相比工业企业，非工业企业具有固定资产少、抵押物匮乏等特点，与工业企业呈现不同的融资和创新特征。本书按照国泰安数据库（CSMAR）中的行业代码将企业划分为工业企业和非工业企业，并进行比较分析。

表5-20为控制了个体固定效应以及时间固定效应后，分样本（工业企业和非工业企业）金融机构数量增多对企业技术创新行为也即专利申请数量的影响。我们发现，金融机构数量的增加对非工业企业技术创新行为的影响更为显著，主要原因可能是随着金融机构数量的增加，非工业企业在获取银行贷款方面面临更多的选择，金融产品以及服务类型的增加，有助于对企业技术创新行为产生更为有效的正向促进作用。

表5-20   工业企业和非工业企业专利申请量的异质性分析

变量	（1）工业企业全部专利	（2）非工业企业全部专利	（3）工业企业发明专利	（4）非工业企业发明专利	（5）工业企业实用新型	（6）非工业企业实用新型	（7）工业企业外观设计	（8）非工业企业外观设计
金融机构数量	0.317	0.796 ***	-0.0898	0.578 **	0.195	0.610 *	-0.372	0.572 *
	(0.75)	(3.83)	(-0.20)	(2.73)	(0.40)	(2.47)	(-0.84)	(2.58)
个体固定效应	YES	YES	YES	YES	YES	YES	YES	YES
时间固定效应	YES	YES	YES	YES	YES	YES	YES	YES
_cons	-0.483	-3.473 **	2.329	-3.499 *	-1.373	-3.605 *	1.603	-2.298
	(-0.18)	(-2.61)	(0.79)	(-2.57)	(-0.45)	(-2.30)	(0.58)	(-1.66)
N	516	2732	516	2732	516	2732	516	2732

注：括号中是 t 统计量，*、**和***分别代表10%、5%和1%的显著性水平。

表 5-21 为控制了个体固定效应以及时间固定效应后，分样本（工业企业和非工业企业）金融机构数量增多对企业专利授权数量的影响，回归结果与使用企业专利申请数量时的结果类似，金融机构数量的增多对非工业企业技术创新具有显著的正向作用。

表 5-21　　工业企业和非工业企业专利授权量的异质性分析

变量	(1)	(2)	(3)	(4)	(5)	(6)	(7)	(8)
	工业企业全部专利	非工业企业全部专利	工业企业发明专利	非工业企业发明专利	工业企业实用新型	非工业企业实用新型	工业企业外观设计	非工业企业外观设计
金融机构数量	-0.00659	0.790***	-0.982	0.466*	0.195	0.610*	-0.367	0.568*
	(-0.01)	(3.76)	(-1.48)	(2.49)	(0.40)	(2.47)	(-0.83)	(2.56)
个体固定效应	YES	YES	YES	YES	YES	YES	YES	YES
时间固定效应	YES	YES	YES	YES	YES	YES	YES	YES
_cons	0.611	-3.330*	7.136	-2.503*	-1.373	-3.603*	1.568	-2.288
	(0.21)	(-2.49)	(1.77)	(-2.10)	(-0.45)	(-2.30)	(0.57)	(-1.65)
N	516	2732	516	2732	516	2732	516	2732

注：括号中是 t 统计量，*、** 和 *** 分别代表 10%、5% 和 1% 的显著性水平。

三　融资对企业技术创新的影响——分轻工业企业与重工业企业

重工业企业和轻工业企业因为生产产品的不同，表现出资金需求的差异和创新活动的不同，基于此，我们进一步按照国泰安数据库（CSMAR）中的行业代码将工业企业划分为轻工业企业和重工业企业，并进行比较分析。

表 5-22 为控制了个体固定效应以及时间固定效应后，分样本（轻工业企业和重工业企业）金融机构数量增多对企业技术创新行为也即专利申请的影响。结果发现，相比轻工业企业，重工业企业融资资源增加对企业技术创新数量的作用较显著，这可能是由于相

对于轻工业企业，重工业企业在生产中更重视技术研发，因而金融机构数量的扩张对企业的技术创新效应具有较为明显的正向促进效应。

表 5-22　　　　　　　轻重工业企业专利申请量的异质性分析

变量	(1) 轻工业企业全部专利	(2) 重工业企业全部专利	(3) 轻工业企业发明专利	(4) 重工业企业发明专利	(5) 轻工业企业实用新型	(6) 重工业企业实用新型	(7) 轻工业企业外观设计	(8) 重工业企业外观设计
金融机构数量	0.793 (1.92)	0.769** (3.30)	0.268 (0.70)	0.660** (2.62)	0.601 (1.23)	0.584* (1.99)	0.312 (0.92)	0.617* (2.24)
个体固定效应	YES	YES	YES	YES	YES	YES	YES	YES
时间固定效应	YES	YES	YES	YES	YES	YES	YES	YES
_cons	-2.191 (-0.88)	-3.822* (-2.53)	-1.177 (-0.50)	-4.215* (-2.58)	-3.420 (-1.08)	-3.563 (-1.94)	0.386 (0.18)	-2.994 (-1.73)
N	680	2052	680	2052	680	2052	680	2052

注：括号中是 t 统计量，*、** 和 *** 分别代表10%、5% 和 1% 的显著性水平。

表 5-23 为控制了个体固定效应以及时间固定效应后，分样本（轻工业企业和重工业企业）金融机构数量增多对专利授权数量的影响，回归结果与使用专利申请数量时类似，重工业企业融资资源增加显著促进了企业技术创新活动。

表 5-23　　　　　　　轻重工业企业专利授权量的异质性分析

变量	(1) 轻工业企业全部专利	(2) 重工业企业全部专利	(3) 轻工业企业发明专利	(4) 重工业企业发明专利	(5) 轻工业企业实用新型	(6) 重工业企业实用新型	(7) 轻工业企业外观设计	(8) 重工业企业外观设计
金融机构数量	0.902* (2.32)	0.734** (3.07)	0.275 (0.92)	0.542* (2.35)	0.601 (1.23)	0.584* (1.99)	0.321 (0.96)	0.607* (2.20)

续表

变量	(1) 轻工业企业全部专利	(2) 重工业企业全部专利	(3) 轻工业企业发明专利	(4) 重工业企业发明专利	(5) 轻工业企业实用新型	(6) 重工业企业实用新型	(7) 轻工业企业外观设计	(8) 重工业企业外观设计
个体固定效应	YES	YES	YES	YES	YES	YES	YES	YES
时间固定效应	YES	YES	YES	YES	YES	YES	YES	YES
_cons	−2.529 (−1.11)	−3.581* (−2.33)	−0.758 (−0.44)	−3.222* (−2.16)	−3.420 (−1.08)	−3.562 (−1.94)	0.303 (0.14)	−2.943 (−1.70)
N	680	2052	680	2052	680	2052	680	2052

注：括号中是 t 统计量，＊、＊＊和＊＊＊分别代表10%、5%和1%的显著性水平。

四 融资对企业技术创新的影响——分国有企业与民营企业

由于我国银行体系贷款存在一定的所有制信贷歧视，即国有企业在获取银行贷款方面更具有优势，基于此，我们进一步按照实际控制人情况，将企业分组为国有企业与民营企业，并进行分样本异质性检验。

表 5 − 24 为控制了个体固定效应以及时间固定效应后，分样本（国有企业和民营企业）金融机构数量增多对企业专利申请的影响。其中，融资资源增加对民营企业技术创新产生的影响更为显著，现实中，国有企业面临的融资约束不太明显，进而使融资增加对民营企业技术创新行为产生的效应更大。

表 5 − 24　　　　不同所有制企业专利申请量的异质性分析

变量	(1) 民营企业全部专利	(2) 国有企业全部专利	(3) 民营企业发明专利	(4) 国有企业发明专利	(5) 民营企业实用新型	(6) 国有企业实用新型	(7) 民营企业外观设计	(8) 国有企业外观设计
金融机构数量	0.758*** (3.54)	0.592 (1.14)	0.516* (2.54)	0.494 (0.87)	0.506* (1.97)	0.627 (1.34)	0.556* (2.16)	0.523 (1.36)

续表

变量	（1）民营企业全部专利	（2）国有企业全部专利	（3）民营企业发明专利	（4）国有企业发明专利	（5）民营企业实用新型	（6）国有企业实用新型	（7）民营企业外观设计	（8）国有企业外观设计
个体固定效应	YES	YES	YES	YES	YES	YES	YES	YES
时间固定效应	YES	YES	YES	YES	YES	YES	YES	YES
_cons	-2.761*（-2.06）	-3.232（-0.95）	-2.791*（-2.18）	-3.253（-0.89）	-2.629（-1.64）	-4.295（-1.40）	-1.995（-1.25）	-3.175（-1.23）
N	2461	787	2461	787	2461	787	2461	787

注：括号中是 t 统计量，＊、＊＊和＊＊＊分别代表10％、5％和1％的显著性水平。

表 5 - 25 为控制了个体固定效应以及时间固定效应后，分样本（国有企业和民营企业）金融机构数量增多对企业专利授权的影响，结果与使用专利申请时的结果相似，融资对民营企业技术创新产生的作用更为显著。

表 5 - 25　　　　　不同所有制企业专利授权量的异质性分析

变量	（1）民营企业全部专利	（2）国有企业全部专利	（3）民营企业发明专利	（4）国有企业发明专利	（5）民营企业实用新型	（6）国有企业实用新型	（7）民营企业外观设计	（8）国有企业外观设计
金融机构数量	0.729**（3.11）	0.630（1.22）	0.364（1.85）	0.474（0.86）	0.505（1.96）	0.627（1.34）	0.555*（2.16）	0.525（1.36）
个体固定效应	YES	YES	YES	YES	YES	YES	YES	YES
时间固定效应	YES	YES	YES	YES	YES	YES	YES	YES
_cons	-2.506（-1.71）	-3.369（-1.01）	-1.577（-1.28）	-2.906（-0.82）	-2.625（-1.63）	-4.295（-1.40）	-2.017（-1.27）	-3.174（-1.23）
N	2461	787	2461	787	2461	787	2461	787

注：括号中是 t 统计量，＊、＊＊和＊＊＊分别代表10％、5％和1％的显著性水平。

第四节 基于面板门限回归的政策观察

在上述分析中，我们假设融资对于企业技术创新的影响是线性的。但是，在实际中资本作为企业技术创新的一种投入要素，可能存在边际效应递减规律。因此要想实现企业技术创新效率的最大化，有必要寻找金融资源的最优规模。我们在此将使用门限回归模型观察金融机构数量对企业全部专利申请量的影响。

首先我们进行门限效应检验以确定门限个数。此处采用 Hansen 提出的"自抽样法"（Boostrap）依次对不存在门限、存在一个门限的设定下对模型进行估计。表 5 – 26 显示了模型的不同类型检验的 F 统计量和 P 值。结果显示，金融机构数量在 10% 的显著性水平下通过了检验，相应的 P 值为 0.06。说明在金融机构数量的门限变量下，金融机构数量影响企业技术创新产出有两个门限值。

表 5 – 26　　　　　　　　门限效果自抽样检验

门限检验类型	F 统计量	P 值	BS 次数	临界值		
				1%	5%	10%
单一门限检验	23.08	0.0500	300	19.4424	23.0525	29.8938
双重门限检验	22.54	0.0600	300	20.1490	23.5288	28.5597

注：P 值和临界值均为采用自抽样法反复抽样得到的结果。

接下来需要确定门限估计值和置信区间。表 5 – 27 显示的是金融机构数量两个门限的估计值和置信区间。门限估计值是似然比检验统计量 LR 为 0 时 γ 的取值。在表 5 – 28 中，门限值为 7.2675 和 7.0579。95% 置信区间指的是所有 LR 值小于 5% 显著性水平下的临界值的 γ 构成的区间（见图 5 – 1）。

表 5 - 27   门限估计值和置信区间

	估计值	95% 置信区间
门槛值 γ^1	7.2675	[7.0579, 7.2738]
门槛值 γ^2	7.0579	[7.0347, 7.0613]

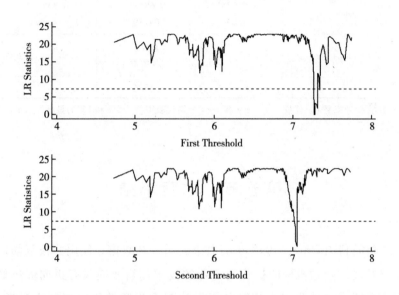

图 5 - 1   LR 统计量的置信区间

从表 5 - 28 金融机构数量影响企业专利申请门限效应的检验结果来看，金融机构数量增加与全部专利的产出增加效应正相关。分段结果显示，2008—2014 年我国金融机构数量的双重门限值分别为 7.0579 和 7.2675，证明了金融机构数量对专利的产出的影响正效应会随着金融机构数量的变化而变化。当金融机构数量低于 7.0579 时，金融机构数量对专利产出的弹性系数为 0.630，金融机构数量介于 7.0579 和 7.2675 之间时，弹性系数增加到 0.684 个单位，而当金融机构数量多于 7.2675 时，弹性系数又增加到 0.748 个单位。金融机构数量对全部专利产出的影响效应呈现递增分布趋势。

表 5 - 28 门限估计值和置信区间

变量	门限模型		
	lsum < 7. 0579	7. 0579 < lsum < 7. 2675	lsum > 7. 2675
lsum	0. 630 *** (3. 84)	0. 684 *** (4. 19)	0. 748 *** (4. 56)
_cons		-4. 760 *** (-7. 46)	
N		1526	

注：括号中是 t 统计量，*、** 和 *** 分别代表 10%、5% 和 1% 的显著性水平。

第五节 本章小结

我们利用 2007—2015 年的上市公司专利数据，使用面板双固定效应发现，金融机构的扩张对企业的技术创新效应具有正向促进效应。在逐一加入公司内部财务指标控制变量和地级市控制变量后，我们发现实证结果始终稳健，金融机构数量的扩张对专利的授权和申请均具有积极促进效应，金融发育程度越好的城市，上市公司的发明专利、外观设计专利、实用新型专利及全部专利均有显著提高，说明以银行贷款为主的间接融资在企业技术创新中发挥重要作用。在稳健性分析中，我们采用了异质性分析的方法，分别发现：金融机构的扩张对中部地区的技术创新具有更加显著的正向促进效应；金融发达地区的非工业企业比工业企业的各种专利产出更多；相对于轻工业来说，金融发育程度越好的城市对重工业企业的技术创新越明显；民营企业对金融机构数量扩张更加敏感，金融支持力度越大、金融排斥度越小，企业的发明专利、实用新型专利、外观设计专利和全部专利产出更多。在进一步分析中，我们检视了金融机构数量影响企业技术创新基于金融机构扩张的门槛效应，金融机构数量对企业全部专利产出的影响呈现出递增趋势。

因此我们提出以下建议：要加大金融对企业在研发方面的资金支持，促进企业技术的持续创新。进一步提升金融机构扩张对企业技术创新的促进作用，增进企业各种融资渠道的灵活性，发挥好金融机构扩张给企业带来的创新产出效应。地方政府要认清区域发展现状，更好地利用金融体系的推动作用。例如东部沿海地区更应该加大资本市场的改革力度，以满足高风险创新活动的需要，而中部地区则要合理地利用好银行体系，因地制宜，不断为创新活动服务。发挥好金融机构数量扩张对企业技术创新效应的门槛效应，金融机构数量对企业全部专利产出的影响呈现出递增趋势，因此企业要利用好地级市金融机构数量扩张对企业技术创新影响的不同阶段，充分发挥金融资源对创新的促进效应。

第六章 融资效率对企业技术创新的影响

前文从宏观和微观层面分析了融资尤其是以银行贷款为主的间接融资对企业技术创新的影响，那么随着金融改革的推进，融资效率的变化对企业技术创新的影响如何？本章将针对这一问题展开研究。就中国银行业而言，特别是 1994 年以后，银行业开始向商业化和市场化转型，在此过程中为了增加银行业的竞争性供给，不断提高商业化机构占比，伴随而来的银行效率发生变化。基于此，本章将使用银行竞争程度表示间接融资的效率，并在此基础上探讨融资效率提升对于企业技术创新的影响效果。

第一节 理论分析

一 中国银行业竞争状况

王军和赵为群（1998）从市场份额定性的角度出发分析发现，20 世纪 90 年代的中国银行业中的国家银行与其他商业银行之间，国有独资商业银行之间，乃至非国有银行之间，在以存贷款为主的银行市场上展开了全方位的竞争。中国银行业的主体结构变成了国有企业虽然份额下降但仍然处于垄断地位，非国有企业之间展开竞争，并与国有银行进行竞争。李萱（2000）从市场份额、经营业绩、人员素质等方面的指标进行了比较分析发现国有商业银行参与市场竞争的能力正在变弱。此后安俊和陈志祥（2001）选用行业集中度指数和赫芬达尔—赫希曼指数两个指标定性来衡量中国银行业的集中度。结果发现 2001 年我国的银行业仍缺乏一个有效运作的市场竞争机制，整体竞争力有待进一步提高。

根据方莹和严太华（2005）对中国银行业市场集中度、规模经济性、进入壁垒及退出壁垒的实证分析可得，2005 年中国银行业新兴力量发展缓慢，国有银行的垄断地位在短期之内并未发生较大动摇。王馨（2006）基于产业组织学理论的 SCP 分析范式，认为市场绩效最终取决于实际的市场结构，而不是名义上的垄断集中程度。中国加入 WTO 后，尤其是 2006 年 12 月 11 日以后，外资银行加快进入中国的步伐，随着外资银行的加入，中国银行业竞争的市场结构继续发生着变化，李伟和韩立岩（2008）借助 Panzar - Rosse 模型度量了 1996 年到 2006 年中国银行的集中度，结果显示外资银行进入与对中国银行业的竞争呈现倒 U 形的关系。

二　银行业竞争与企业技术创新的关系

国内外关于银行业竞争和企业技术创新之间的关系有两种截然不同的观点。Cetorelli 和 Gambera（2001）等学者认为银行竞争对企业技术创新有正向影响，因为银行竞争可以使得货币市场上货币的供给较多，从而可以使市场利率较低，企业贷款的成本降低，进而更利于企业进行融资并将更多的资金用于技术开发。马君潞等（2013）同样认为银行竞争可以促进企业融资，众多的银行可以增加企业借款的渠道和机会，从而企业可以相对比较容易获取资金。但是还有部分学者认为，银行竞争可能会对企业技术创新产生负面影响。国外学者 Petersen 和 Rajan（1995）认为，由于银行竞争性较强，所以企业贷款相对容易，因此导致企业会轻视信息不对称的影响，若提交的信息和资质不合格，反而很难获得贷款，造成总的贷款量下降，还是不利于企业进行技术创新。而且还有可能因为银行对企业一定程度上放松管制，导致企业并未将金钱用于刀刃上，从而使其将金钱用于非技术创新的方面，企业技术创新不足长此以往会导致企业技术创新的技术人员流失，企业技术创新能力持续下降。

第二节　变量测度和研究设计

一　银行竞争程度测算

本章度量银行效率主要是采用银行集中度即赫芬达尔—赫希曼指数（HHI）进行度量。另外，为了保证度量的严谨和完整性，选取前五大银行分支机构总数占比（CR5）作为度量银行竞争程度的一种指标。

其中，银行业的赫芬达尔—赫希曼指数即银行业集中度，是指一个行业中各市场竞争主体所占行业总收入或总资产百分比的平方和，用来计量市场份额的变化。本章采用地级市银行分支机构占比来计算 HHI。具体为：

$$HHI = \sum_{i=1}^{i} (Branch_i / Total_{Branch})^2 \qquad (6-1)$$

式（6-1）中 $Branch_i$ 表示各地级市第 i 个银行在该地级市分支机构总数，$Total_{Branch}$ 表示各地级市所有银行分支机构总数。此指标数值越大说明银行的垄断程度越高，银行市场竞争性越弱。此指标的范围为（0，1）。

另外本章构建前五大银行分支机构总数占比，以衡量地级市内前五大银行集中度比率，相关计算方法如式（6-2）。

$$CR5 = (\sum_{j=1}^{5} Branch_j) / Total_{Branch} \qquad (6-2)$$

式（6-2）中，$\sum_{j=1}^{5} Branch_j$ 表示各地级市分支机构数最多的五家银行的分支机构数之和，其余变量含义与式（6-1）中变量含义相同。若计算所得该指标数值越大，表示该地级市银行集中度越高，竞争程度越低，该指标取值范围为（0，1）。

二　模型设计

为了详细分析融资效率对企业技术创新的影响，构建银行竞争程度与创新产出的计量模型如下：

$$\ln\_patentall\_appl\ y_{it} = b_1 HHI_{it} + b_2 \sum X_{it} + year_t + code_i + e_{it}$$

$$(6-3)$$

此处，采用面板固定模型进行估计。其中 t 表示时间，i 表示个体，e_{it} 表示服从标准正态分布的随机干扰项。解释变量 $patentall\_apply_{it}$ 为 i 企业 t 年的专利申请数量，被解释变量为 HHI_{it} 表示银行竞争程度，$\sum X_{it}$ 为控制变量，包括宏观控制变量和微观控制变量，宏观控制变量包括分省分年 GDP 等，微观控制变量包括企业收入、负债率等。模型采用控制时间（$year_t$）、控制个体（$code_i$）的固定效应。

本章样本区间是 2007—2017 年，数据来自国泰安数据库（CS-MAR）。本章剔除了数据缺失的企业样本，以保证实证结果的科学性、准确性。变量的描述性统计见表 6-1。

表 6-1　　　　　　　　　描述性统计

变量类型	变量名	均值	标准差	最小值	最大值
被解释变量	专利申请数	1.524	1.101	2.35e-06	12.027
解释变量	HHI	0.111	0.034	0.058	0.303
	$CR5$	-0.02	0.12	-0.43	0.10
控制变量	地区 gdp	5.969	0.959	2.593	7.786
	总收入 $renue$	11.050	8.032	-1	414
	资产负债率 $zcfzl$	11.041	1.423	0.693	20.671
	现金总量 xj	0.141	1.949	-100.464	1055
	净收益率 roa	0.925	0.336	-13.489	41.038

资料来源：作者整理所得。

第三节　实证结果分析

一　基准回归

根据前文模型进行估计，得到如表 6-2、表 6-3 结果。在估计过程中采用面板固定效应，其中固定个体效应是为了排除样本差异性带来的影响，固定时间效应是为了避免由于时间变化而导致错误回归结果的可能性。结果显示，无论是以 HHI 还是 CR5 作为度量银行竞争性的指标，银行竞争性的大小和企业技术创新程度的高低皆呈负相关的关系，即 HHI 越大，银行集中度越高，竞争性越弱，企业技术创新能力越差。同理，CR5 越大，银行垄断性越强，致使企业的创新能力越低。其中 HHI 每增加 1 个单位，则企业专利降低 10 个单位以上；对于 CR5 指数而言，CR5 每增加 1 个单位，则企业专利降低 4 个单位左右。

表 6-2　　　　　　　　　　　　基准回归（1）

变量	(1) ln_patentall_apply	(2) ln_patentall_apply	(3) ln_patentall_apply	(4) ln_patentall_apply	(5) ln_patentall_apply	(6) ln_patentall_apply
HHI	-23.672*** (-14.83)	-11.981*** (-7.02)	-11.473*** (-6.86)	-11.589*** (-6.94)	-11.491*** (-6.89)	-11.640*** (-6.90)
gdp		0.000*** (10.61)	0.000*** (9.19)	0.000*** (9.03)	0.000*** (9.00)	0.000*** (9.01)
renue			0.000*** (3.86)	0.000*** (3.79)	0.000*** (3.73)	0.000*** (3.67)
zcfzl				0.525*** (2.89)	0.533*** (2.93)	0.613*** (3.16)
xj					0.000* (1.95)	0.000* (1.85)
roa						0.593 (1.56)
_cons	5.645*** (33.55)	3.498*** (14.51)	3.418*** (14.47)	3.201*** (13.08)	3.183*** (13.04)	3.139*** (12.73)
个体固定	YES	YES	YES	YES	YES	YES
时间固定	YES	YES	YES	YES	YES	YES
N	4915	4915	4915	4915	4915	4915
R^2	0.175	0.230	0.244	0.247	0.248	0.249

注：括号中是 t 统计量，*、** 和 *** 分别代表 10%、5% 和 1% 的显著性水平。

表 6 - 3　　　　　　　　　　　　　　基准回归（2）

变量	（1） ln_patentall _apply	（2） ln_patentall _apply	（3） ln_patentall _apply	（4） ln_patentall _apply	（5） ln_patentall _apply	（6） ln_patentall _apply
CR5	- 7.635 *** （- 19.26）	- 4.584 *** （- 8.86）	- 4.417 *** （- 8.73）	- 4.425 *** （- 8.73）	- 4.400 *** （- 8.69）	- 4.479 *** （- 8.78）
gdp		0.000 *** （8.19）	0.000 *** （7.02）	0.000 *** （6.90）	0.000 *** （6.86）	0.000 *** （6.84）
renue			0.000 *** （3.74）	0.000 *** （3.68）	0.000 *** （3.62）	0.000 *** （3.55）
zcfzl				0.498 *** （2.74）	0.507 *** （2.78）	0.607 *** （3.12）
xj					0.000 ** （2.00）	0.000 * （1.86）
roa						0.740 ** （1.98）
_cons	7.774 *** （32.37）	5.177 *** （13.66）	5.045 *** （13.63）	4.830 *** （12.78）	4.808 *** （12.73）	4.785 *** （12.66）
个体固定	YES	YES	YES	YES	YES	YES
时间固定	YES	YES	YES	YES	YES	YES
N	4915	4915	4915	4915	4915	4915
R^2	0.210	0.241	0.255	0.258	0.259	0.260

注：括号中是 t 统计量，*、**和***分别代表10%、5%和1%的显著性水平。

二　稳健性检验

为保证结果的稳健有效性，本部分分不同区域、不同行业、不同企业性质对结果进行稳健性检验。

第一，按照不同的区域将企业分为东部地区企业、中部地区企业和西部地区企业，实证检验不同地区的银行集中度对企业技术创新的影响效果。检验结果见表6-4。

表 6 - 4　　　　　　　东中西部地区企业稳健性检验（1）

变量	东部地区企业 ln_patentall_apply	中部地区企业 ln_patentall_apply	西部地区企业 ln_patentall_apply
HHI	- 4. 378	- 15. 070 ***	- 9. 483 ***
	(- 1. 59)	(- 5. 06)	(- 2. 99)
_cons	2. 077 ***	3. 289 ***	2. 822 ***
	(5. 01)	(7. 04)	(5. 62)
控制变量	YES	YES	YES
个体固定	YES	YES	YES
时间固定	YES	YES	YES
N	2439	1365	1105
R^2	0. 267	0. 318	0. 243

注：括号中是 t 统计量，＊、＊＊和＊＊＊分别代表 10%、5% 和 1% 的显著性水平。

表 6 - 4 结果显示，对于东部地区而言，银行的集中度对于创新的影响不显著，说明经济发展到一定阶段，金融发展水平达到一定程度后，即大的垄断性质的银行在达到垄断之初会关注企业的贷款，缓解企业技术创新的融资约束。但是当达到垄断成熟后期，高度集中和垄断的大银行对于企业技术创新的关注会渐渐减少，而是寻求其他的项目进行获利。因为经济发展水平越高，其进行技术创新所需要的投入越大，所面临的风险也越高。因此垄断的大银行会寻求比此风险更低、收益较大的项目进行信贷资金发放。对于西部和中部地区而言，经济发展相对于东部地区落后，同时企业的技术和东部相比相对落后，并且有东部作为创新技术的先例，技术创新的风险也会在一定程度下降低，因此对于垄断性的银行而言，更倾向于在中部和西部进行信贷资金发放，很大程度上在资金方面支持企业的技术创新。但是中部和西部相比的显著程度也有一定差异，对于中部地区而言，银行集中度越高，所带来的技术创新效应越大。这也和中部地区的技术创新的配套条件不足有关。西部地区由于地理位置和经济发展的原因，虽然有国家政策大力支持，但是缺少与技术创新相对

应的配套的人才、设备，仅仅有资金支持远远不够，因此对于西部地区而言，银行集中度对于企业技术创新的效果不如中部地区。

　　为了保证结果的精准性、稳健性，又将衡量银行集中度的指标 *HHI* 替换成 *CR5* 再次进行验证，验证结果见表 6 - 5，根据结果显示，上述的结论同样成立。

表 6 - 5　　　　　　　　东中西部地区企业稳健性检验（2）

变量	东部地区企业	中部地区企业	西部地区企业
	ln_patentall_apply	ln_patentall_apply	ln_patentall_apply
CR5	- 2. 239 ***	- 4. 670 ***	- 5. 075 ***
	（ - 2. 77）	（ - 5. 31）	（ - 4. 45）
_cons	3. 121 ***	4. 569 ***	5. 245 ***
	（5. 10）	（6. 63）	（6. 07）
控制变量	YES	YES	YES
个体固定	YES	YES	YES
时间固定	YES	YES	YES
N	2439	1365	1105
R^2	0. 272	0. 321	0. 259

　　注：括号中是 t 统计量，*、**和***分别代表10%、5%和1%的显著性水平。

　　第二，再次按照不同的行业性质对企业进行分类，验证银行集中度对于企业技术创新的效果。首先将行业按照国家的标准划分为工业企业和非工业企业，其次在工业中参考国家标准将企业所属行业划分为重工业企业和轻工业企业以验证在不同行业中的企业是否存在差异性。

　　表 6 - 6 结果显示，无论是工业还是非工业两种行业的企业，银行集中度和企业的技术创新都拥有显著的负向关系。即银行集中度越高，银行之间的竞争越弱，随着银行竞争程度的增加，偏垄断的银行对企业的技术创新相对更加关注，进而有助于缓解企业融资约束，促进企业技术创新能力。但是银行集中度对于工业和非工业企

业技术创新能力的影响程度不同，根据结果显示，对于工业企业而言，银行集中度每上升 1 个单位，工业企业的技术创新能力降低 16 个单位以上，而对于非工业企业而言只有 10 个单位左右，因此银行集中度为工业企业技术创新带来的影响效果显著，这也是因为技术创新在工业企业中处于核心地位，对于工业企业而言，需要不断创新才能走在竞争的前列。虽然非工业企业也需要创新，但是其重要性不如工业企业。

表 6-6　　　　　　　　工业与非工业企业稳健性检验（1）

变量	工业企业	非工业企业
	ln_patentall_apply	ln_patentall_apply
HHI	- 16. 356 ***	- 10. 836 ***
	（- 3. 15）	（- 5. 99）
_cons	3. 055 ***	3. 184 ***
	（4. 56）	（11. 55）
控制变量	YES	YES
个体固定	YES	YES
时间固定	YES	YES
N	847	4062
R^2	0. 220	0. 261

注：括号中是 t 统计量，∗、∗∗和∗∗∗分别代表10%、5%和1%的显著性水平。

　　同样为了结果的科学性和严谨性，进一步将 *HHI* 指标替换成 *CR5* 指标再次进行检验，结果同样证明了上述结论，银行集中度与企业技术创新具有显著负向关系，并且银行集中度为工业企业带来的效益强于非工业企业（见表 6-7）。

表 6-7　　　　　　　工业与非工业企业稳健性检验（2）

变量	工业企业	非工业企业
	ln_patentall_apply	ln_patentall_apply
CR5	- 5. 126 ***	- 4. 386 ***
	（- 4. 72）	（- 7. 58）

续表

变量	工业企业	非工业企业
	ln_patentall_apply	ln_patentall_apply
_cons	4.648 ***	4.857 ***
	(5.65)	(11.30)
控制变量	YES	YES
个体固定	YES	YES
时间固定	YES	YES
N	847	4062
R^2	0.230	0.273

注：括号中是 t 统计量，*、** 和 *** 分别代表 10%、5% 和 1% 的显著性水平。

另外，我们又检验了在工业中轻工业企业和重工业企业结果的差异性，使用 *HHI* 指标的估计结果见表6-8，使用 *CR5* 指标的估计结果见表6-9。根据结果显示，只有重工业企业中银行集中度与企业技术创新呈现显著的负向关系，而轻工业企业中银行集中度与企业技术创新之间并无显著性。对于两种工业企业而言，重工业相比轻工业的技术创新需要更多的资金、周期更长，相对应的技术创新所带来的收益会更大。可以说技术创新是重工业企业的命脉，因此对于重工业企业而言，银行集中度更低，银行垄断程度越低，其所带来的借贷资金规模越有保障，并且其对大型重工业企业的关注程度也越高。对于符合资质的重工业企业，也会在融资方面给予倾斜，进而重工业企业拥有一定规模的技术创新资金，从而可以大刀阔斧地进行技术创新，获得专利较多，企业的自主创新能力越强，从而带来正向反馈的效果。

表6-8　　　　　　　轻重工业企业稳健性检验（1）

变量	轻工业企业	重工业企业
	ln_patentall_apply	ln_patentall_apply
HHI	-3.748	-13.985 ***
	(-1.57)	(-5.72)

变量	轻工业企业	重工业企业
	ln_patentall_apply	ln_patentall_apply
_cons	2.303***	3.528***
	(6.30)	(9.80)
控制变量	YES	YES
个体固定	YES	YES
时间固定	YES	YES
N	1041	3021
R²	0.196	0.294

注：括号中是 t 统计量，*、**和***分别代表10%、5%和1%的显著性水平。

表6-9　　　　　　　　　轻重工业企业稳健性检验（2）

变量	轻工业企业	重工业企业
	ln_patentall_apply	ln_patentall_apply
CR5	-1.586	-3.275***
	(-0.84)	(-5.56)
_cons	3.187***	2.489***
	(4.51)	(10.21)
控制变量	YES	YES
个体固定	YES	YES
时间固定	YES	YES
N	1041	3021
R²	0.134	0.313

注：括号中是 t 统计量，*、**和***分别代表10%、5%和1%的显著性水平。

　　第三，为了了解不同企业性质是否影响银行集中度对企业技术创新的作用效果，我们选取了国有企业和非国有企业两种性质的企业，并检验其差异性。表6-10结果显示，无论是对于国有企业还是非国有企业，银行集中度和企业技术创新皆呈现显著的负向关系，但是国有企业所带来的效果要高于非国有企业，这也和国家的方针政策相匹配，正是由于国有企业体量大，多是一些收益大、风险大、周期长的项目，因此其对资金需求的规模大，所以银行集中度越低，越能满足国有控制企业此类情况的资金需求。

表6-10　　　　　　不同所有制企业稳健性检验（1）

变量	非国有企业	国有企业
	ln_patentall_apply	ln_patentall_apply
HHI	-8.936***	-20.864***
	(-4.83)	(-4.13)
_cons	2.861***	4.147***
	(10.15)	(6.01)
控制变量	YES	YES
个体固定	YES	YES
时间固定	YES	YES
N	3870	1039
R²	0.208	0.338

注：括号中是 t 统计量，＊、＊＊和＊＊＊分别代表10%、5%和1%的显著性水平。

同样，将 HHI 指标换为 CR5 指标得到如上述结论相类似的结果（见表6-11），也说明结果具有一定的准确性。

表6-11　　　　　　不同所有制企业稳健性检验（2）

变量	非国有企业	国有企业
	ln_patentall_apply	ln_patentall_apply
CR5	-3.534***	-7.705***
	(-6.41)	(-6.02)
_cons	4.196***	6.899***
	(10.05)	(7.37)
控制变量	YES	YES
个体固定	YES	YES
时间固定	YES	YES
N	3870	1039
R²	0.216	0.359

注：括号中是 t 统计量，＊、＊＊和＊＊＊分别代表10%、5%和1%的显著性水平。

第四节 本章小结

一 结论

为了检验融资效率对企业技术创新的影响，本章使用银行竞争程度表示间接融资效率，利用2007—2017年的上市公司数据实证检验得知，银行竞争度越低，则创新产出越少，也就是说，间接融资效率的提升有助于创新产出增加。同时，将企业按照地理关系划分为东部地区企业、中部地区企业和西部地区企业，行业划分为工业企业和非工业企业，工业企业中再次细分为重工业企业和轻工业企业，将企业按照所有权性质划分为国有企业和非国有企业等多个角度分别验证银行集中度对企业技术创新的影响，结果显示，银行竞争对企业技术创新在西部地区和中部地区尤其是中部地区有显著影响。工业企业相对于非工业企业而言，银行越集中，企业技术创新能力越弱，而工业企业中重工业企业的结果更显著。就国有企业而言，企业的技术创新和银行的集中度呈显著负向关系，非国有企业同样具有显著关系，但作用性小于国有企业。

二 政策建议

（一）促进银行间的竞争，提升企业技术创新能力

改革开放以来，我国银行业改革经历了三个阶段，一是专业化发展阶段，二是商业化发展阶段，三是市场化发展阶段。即使目前我国已形成了相对完备的金融系统，但是仍然存在国有银行部分垄断力量的存在。而根据实证检验结果，银行之间的竞争加剧，有利于促进提升企业之间的技术创新能力，因此应该加大力度促进银行间的竞争。一是应该增加民营银行的数量。增加了民营银行的数量，将有更多的银行参与到竞争之中，而且民营银行中的管理结构和优势可以促进各大银行优化自身的经营结构，在竞争中走向更有利于企业技术创新的道路。然而民营银行因为银行业的准入门槛过

高，其进入金融市场受到诸多限制，因此应该降低民营银行的准入门槛，以使更多的民营银行加入金融业竞争的行列。二是大力发展中小型银行。中小型银行是中小微企业的主要融资来源，而中小微企业是技术创新型企业的主力军，因此大力发展中小型银行有利于中小微企业的融资，进而使其有资金进行企业的技术创新。三是加大不同银行之间产品的差异性，使银行之间形成垄断竞争的关系，更有利于多方面满足不同企业的融资需求。银行之间的完全竞争很难达到，但是可以通过创新出不同的银行金融产品，使不同银行之间具有一定的差异性，形成一种垄断竞争的关系，而且不同种类的金融产品可以很大程度地满足不同类型企业的融资需求和技术创新需要。

（二）基于差异性加大银行竞争，获取企业技术创新最大收益

在全国总体范围内扩大银行竞争的同时，应该加大中部地区、工业地区尤其是重工业地区、国有企业密集地的银行竞争力。实证结果显示，中部地区银行的竞争程度越大，对企业技术创新的激励越大。中部地区和东部地区相比，经济发展水平不如东部地区，企业的技术创新能力同样如此，因此在技术创新方面仍有比较大的发展空间，而且中部地区也拥有西部地区所不足的人才等一系列的配套措施，所以中部地区银行的竞争程度较高，会使中部地区企业技术创新的驱动力相对于其他地区更高。因此在全国总体上扩大银行竞争力、减小银行集中度的同时，应该对不同地区采取不同程度的倾斜，增加中部地区的银行竞争程度。同理，应加大工业企业密集地区尤其是重工业企业密集地区银行的竞争力，从而使银行竞争对于企业技术创新能力的作用提升。

第七章　发达国家融资支持企业技术
创新的借鉴与启示

科技型创新企业的成长与壮大，与获得的融资支持力度大小成正相关关系。美国、欧洲、日本等发达国家的经验证明，融资支持力度大、资金面充裕的市场环境有利于科技型创新企业的快速发展。剖析先进国家融资支持科技创新的实例，可以看出，融资对科技创新的支撑得益于良好的金融支持体系，虽然各国金融支持体系的特点不尽相同，但金融支持体系内各要素之间均实现了协调、互促、良性发展，从而为科技型创新企业提供了良好的融资"生态系统"。在有效的"生态系统"中，风险投资、银行、股债市场、政策性金融虽各有侧重，又协调统一，是科技型创新企业融资"生态系统"中不可或缺的四个方面。

第一节　发达有效的风险投资市场是
技术创新的主要资金支撑

一　美国风险投资市场

作为世界第一的创新大国，美国拥有世界最发达的风险投资市场。美国高新技术产业的不断升级换代，与各类风险投资的推动直接相关。可以说，风险投资是美国高新技术产业最重要的"孵化器"，造就了微软、英特尔、苹果等一批著名的高科技跨国公司。

美国风险投资成长于民间，体现出由民间向高层、自下而上的诱致性成长特点。首先，来自民间的小型私人风险投资公司，敏锐地认识到成长期高新技术企业资本回报率高这种外部利益特点，争相投资具备核心知识产权和专利权的科技型小微企业，并在投资过程中获得丰厚回报，随后再进行相似的投资循环。小规模的私人风险投资一度成为美国风险投资市场的主体，约占美国风险投资市场份额的70%，投资标的集中在成长中期、获得预期良好的创业公司。随着私人风险投资的体量逐渐变大，美国适时出台了《中小企业投资法案》，并成立小企业管理委员会，多个私人风险投资公司以有限合伙的形式，通过美国小企业管理委员会审核，组成小企业风险投资公司，构成美国风险投资的第二个层次。在此基础上，美国的大型企业、银行、保险机构或跨国公司等，共同组建大型风险投资机构，在世界范围内挑选优秀高新技术企业进行扶持。

美国的风险投资公司，资金几乎全部采取募集方式获得。同时，风险投资公司也很容易取得商业银行，特别是科技型商业银行的授信，从而获得充足的资金供给。如硅谷银行经常直接给风险投资公司授信，或直接投资风险投资公司，再由风险投资公司把资金投给科技型中小企业。一方面，风险投资可以利用资信便利的条件，选择更值得投资的企业，一定程度上转嫁了贷款风险；另一方面，银行也可以从风险投资收益中获得较好的投资回报。

二 欧洲风险投资市场

欧洲的风险投资起源于1945年的"英国工商业投资公司"（又名"31集团"），是由英国清算银行和英格兰银行共同出资、旨在解决英国中小企业长期发展的资金短缺问题而设立的。此后不久，美国在波士顿成立了美国研究与发展公司，这是理论意义上美国第一家投资公司。风险投资源于英国，兴于美国。欧洲与美国的风险投资大致经历了相似的发展历程，但就目前来说，以纳斯达克引领的美国风险投资业发展已大大超过了欧洲风险投资业。

欧洲风险投资市场长期以来以英国、德国、法国三个国家为主体，占欧洲风险投资市场的60%以上。近年来，随着意大利、荷兰、瑞士、瑞典等国家风险投资业的兴起，欧洲风险投资市场主要由英、德、法、意、瑞士等国家主导，约占 70% 以上的市场份额。相比美国的风险投资市场，欧洲风险投资基金规模相对偏小，1 亿欧元以上的风险投资基金有 20 多个，其他基金规模多在 5000 万欧元以下，特别是种子期的投资基金，资金规模多数在 200 万欧元以下。

欧洲风险投资基金规模小与其早期的金融市场管制有关。欧洲的银行、保险、基金等在 1990 年之前一直禁止进入风险投资行业。随着欧洲各国在与美国的市场竞争中渐渐力不从心，政府意识到创新欠缺是导致欧洲经济缺乏竞争力的原因，因此在 1991 年颁布的《欧洲产业政策纲领》中强调了创新型中小企业的融资问题，并相继出台技术创新白皮书等。1997 年实施创新与技术资本计划，放开金融管制，允许养老基金、保险、银行等进入风险投资行业。此后，欧洲风险投资得到较大发展，银行、保险、养老基金成为欧洲风险投资主体中最主要的组成部分。

三 日、韩风险投资市场

日本风险投资最早开始于 1963 年在东京、大阪、名古屋设立的三个"投资育成公司"，1975 年在政府推动下，成立了"日本风险企业中心"，为科技型创新企业从银行贷款提供担保，并承担信息发布交流职能，随之又放宽了 OTC 上市要求。此后，日本风险投资迅速发展，在 20 世纪 90 年代风险投资规模与美国几乎不相上下，成为世界第二风险投资大国。此后，日本风险投资重点由计算机、电子等高新技术领域转向风险较低的商业、民生用品、建筑业等，风险投资规模也逐渐落后于欧美，风险投资对提振日本经济活力、增强日本国际竞争力的作用逐渐减弱。在组织形式上，日本的风险投资公司多数是大型银行、证券公司的子公司，资金来源比较单一，相当一部分是自有资金，因此投资偏好受母公司体制的影响较大，很多资金用于一般性的融资业务，投向科技型创新企业的资金也主要集中在科技型创新企业的成熟期，风险较小。这种投资偏好利于已经步入成长期的科技型创新企业尽快发展壮大，但对初创期的科技型创新企业支持力度明显偏弱。

韩国风险投资起步于 20 世纪 70 年代，受 1998 年的亚洲金融危机影响，经济发展陷入停滞，大力鼓励科技创新成为政府重振经济的两项重要举措之一（另一举措是大力发展文化产业）。在韩国政府的主导下，韩国的风险投资体系也在这种危机环境下较快地建立起来。韩国政府推出了包括政策法规调整、科技体制改革、机构重设、各类孵化中心选址与建设、天使基金设立等一揽子的整体改革计划，并用极短的时间建立起了科学的风险投资体系。在这一体系中，政府的角色实行了多次转换。20 世纪 80 年代中期，韩国政府开始不断减少无偿向科技型创新企业提供的资助，转为以资本金投入的方式对风险投资公司进行支持。最初政府出资额度只占风险投资公司总资本的 5% 左右，并且不进入公司董事会。20 世纪 90 年代开始，政府不再直接向风险投资公司注资，而是以借贷的方式，对风险投资进行支持，借贷利率低于银行基准利率。1997 年韩国颁布新的法案，政府对风险投资公司的投资额度最高可达到 30%，政府进入公司董事会，以确保风险投资公司的多数资金投资于创新型企业，特别是初创期的中小科技型创新企业。2005 年，借鉴新加坡、以色列等国的经验，韩国政府筹集 1 万亿韩元，建立了韩国国家风险投资母基金，并成立了"支持中小企业投资开发总公司"，负责运营管理母基金。目前韩国风险投资母基金存量超过了 2 万亿韩元。在不断壮大资金投入的同时，韩国通过减税、政府采购、发展资本市场等方式，推动风险投资的发展。目前，韩国已培育起 100 多家大规模的风险投资公司和近 400 项风险投资基金。在韩国政府主导的风险投资母基金和"支持中小企业投资开发总公司"的带动下，韩国风险投资 70% 左右的资金投向了科技型中小企业，有力地扶持了汽车、电子、生物、光学等产业的快速发展。

第二节　股权融资和贷款证券化是创新型
　　　　企业从商业银行融资成功的关键

在一些发达国家，特别是日本，商业银行的贷款支持是科技型创新企业获得资金的主渠道之一。以银行为主导的金融体系是日本金融的重要特点，为日本的科技腾飞提供了丰富的资金。

日本银行为科技型创新企业提供长期贷款，首要条件是必须有政府担保。日本银行、科技型创新企业、政府形成了紧密的相互支撑关系。科技型创新企业以股权融资的方式，向提供贷款的银行转让一部分股权，银行参与企业管理，分享企业收益。银行与科技型创新企业间这种稳定的关系，能够确保银行向企业提供长期稳定的资金供给，确保了投资的连续性，解决了科技型创新企业的金融资源难题，实现了技术创新的累积效果，推动了当时日本科技的迅速发展。

但是这种企业＋政府＋银行的长期融资模式，侧重于对成熟型、大型科技企业的扶持，初创期的科技型创新企业很难得到这类银行贷款，不利于激发国内企业创新的发展。因此，20世纪90年代起，日本推行了金融改革，放松金融管制，解除了银行、保险公司、证券机构等金融机构业务范围的限制，各机构之间金融活动与服务可以相互交叉、相互渗透。金融改革带来日本金融界大规模的重组与整合，形成了涵盖银行、证券、保险等多业务混业经营的大型银团。改革后的金融体系为中小科技型创新企业融资创造了条件。大型银团下设多个专业子公司，利于分散科技型创新企业的市场风险。例如创业投资子公司可以为科技型创新企业早期提供资金，科技型创新企业进入成长期，因为有了前期创业投资子公司的良好信用纪录，更易于获得贷款子公司的贷款，且贷款额度较高。当科技型创新企业步入成熟期后，证券子公司又可以帮助企业在股票市场和债券市场进行直接融资。

除了混业经营的大型银团内部可以部分化解科技型创新企业融资风险外，日本还允许银行在不经过借款方同意的情况下，将公司贷款的应收账款出售，即贷款证券化。贷款证券化使银团的贷款成为具有流动性的标的，缓解了银行的资金压力，并将贷款风险在一定程度上实现了转移，既解决了科技型创新企业的融资问题，又分散了银行风险，还形成了银行外部资产业务，使更多的投资者通过购买贷款证券化产品，分享科技型创新企业快速成长带来的收益。

第三节　丰富活跃的资本市场是科技型创新企业融资成功的基础

场外交易市场能够使科技型创新企业尽快实现挂牌上市，筹集进一步发展的资金，也能使风险投资者尽快从科技型创新企业撤出，加快风险投资资本的流动性，实现科技型创新企业融资的良性循环。

美国纳斯达克市场的建立与繁荣，与美国风险投资的蓬勃发展实现了深度耦合。1971 年，美国证券交易协会创立了纳斯达克自动报价市场，这是全世界第一家电子化的证券自动报价市场，美国最具成长活力的高新技术企业，90% 以上在纳斯达克挂牌交易。可以说，纳斯达克市场的建立，为美国众多无法在主板市场上市、成立时间短、规模小、风险高的科技型创新企业提供了挂牌交易的机会，为投资科技型创新企业的风险投资提供了有效的进入与退出渠道，促进了美国风险投资业的大繁荣；而美国风险投资业的繁荣，又促成了大量科技型创新型企业的成长并在纳斯达克上市交易，促进了纳斯达克市场的大发展。英特尔、微软、苹果、雅虎、DEC 等全球驰名的跨国公司，都是在风险投资的支持下在纳斯达克市场上逐渐成长起来的，并带领美国在信息技术领域占据世界领先的地位。

欧洲方面，英国除拥有世界三大证券交易所之一的伦敦证券交易所外，各主要城市相继建立起了区域性证券交易所，最多时英国区域性证券交易所达30多家，经过多次市场整合，英国目前仍有伯明翰、曼彻斯特、利物浦、都柏林、格拉斯哥等区域性证券交易所。此后，德国的法兰克福证券交易所与英国的伦敦证券交易所合作共享电子交易平台，标志着统一的欧洲证券市场开始形成。除证券交易所外，英、法、德等国还有众多技术交易市场和中小企业"垃圾债"市场，形成了层次丰富的资本市场体系。

日本1984年在国内OTC市场建立了QUICK自动报价系统，使OTC市场的上市公司数量在10年间扩大了4倍，交易量扩大了10倍。仿照美国的纳斯达克（NASDAQ）市场，日本建立了自己的JASDAQ自动报价系统，废除了发行股票公司数量限制的相关证券监管条款，并相继建立起面向新兴企业的第二柜台市场，如名古屋的"成长企业市场"，福冈、大阪、札幌、东京的创业板股票市场等。之后，又在JASDAQ市场专门为新兴企业设立了NEO板块，进一步放宽入市条件，为新兴企业挂牌交易提供极大便利。东京证券交易所还专门开设了高科技型创新企业交易板块。为进一步加强风险资金的流动性，使达不到上市条件并且不够二级、三级市场挂牌标准的科技型创新企业股权能够实现交易，日本发展起了较成熟的私募市场，如日本证券业协会开设的未上市企业股权有价交易市场等，给投资科技型创新企业的风险投资提供了多种"出口"，除IPO在股票市场获利外，还可在私募市场进行兼并、收购、管理层回购等。另外，日本还有多层次的技术交易市场，如日本技术交易所、大学技术转移所、民间技术转移所、中小企业综合事业局等，为科技型创新企业的技术转让提供平台。

韩国建立了完备的证券交易市场体系，除了传统的证券交易所和创业板外，韩国还建立了场外市场、第三市场和并购市场，为企业的并购、重组、回购，以及风险投资的转让和退出提供便利。仿效美国和日本，韩国为高新技术企业的股权买卖与转让成立了专门的 KOSDAQ 报价市场，在该市场挂牌的多数为中小科技型创新企业，约70%的企业得到了风险投资机构的支持。

第四节　政策性金融有利于形成技术创新投入诱导机制

政策性金融是一种政府财政的投融资行为，第二次世界大战后在日本源起。政策性金融的基础是政府信用，运作主体是政府或代表政府意志的团队，主要做法是将财政资金按照特殊的投融资手段和方式，配合国家特定时期特殊的发展战略，进行相关投融资活动。由于政策性金融可以在一定时期集中解决"市场失灵"的问题，因此逐渐成为各国干预或引导经济与社会发展比较有效的方法之一。国内外相关研究也表明，政策性金融对社会科技创新投资存在明显的"挤入"效应，特别是大大促进了对中小科技型创新企业的投资。

政策性金融对科技创新的扶持，在日本表现得最为突出。日本设立的中小企业金融公库、国民金融公库等，为不易从常规金融机构取得贷款的创新型企业提供贷款支持，并实行贷款利率优惠。日本政府出资成立的中小企业投资中心，也承担了一部分政策性金融机构的职能，向创新型中小企业提供项目贷款。日本政府还设立了官方的中小企业信用公库和信用保证协会，为创新型中小企业从常规金融机构贷款提供担保。除提供资金外，日本的政策性金融机构事实上与创新型中小企业保持了密切的合作关系，前者为后者在各个方面都提供了较为深入的商业援助。例如不仅帮创新型中小企业开展市场研究，而且在寻找投资退出渠道时，会与创新型中小企业一起与后续的资金提供方谈判。

除日本外，美国、德国、韩国均通过政策性金融鼓励各方资金投入企业的科技创新活动。政策性金融不仅为科技型创新企业的成果产出与转化带来直接的促进效应，而且表现出强烈的政策"溢出"效果，有效引导了企业、商业金融和其他资本投资于科技创新活动，形成了对企业科技创新投资的诱导机制。

第五节　发达国家融资支持企业技术创新实践对我国的启示

一　风险投资的核心在于风险补偿机制的建立和退出机制的完善

（一）政府需承担特定的资金损失风险

在科技型创新企业的初创期，资金需求量不大，但企业发展方向不确定，市场风险极大。而在科技型创新企业的成长期和扩张期，企业财务指标已基本做到了收支相抵，或开始小微盈利，市场逐渐打开，有些企业已基本确定未来在业界的控制能力，收益预期明确，市场风险则相对较小，但资金需求量剧增。因此，市场化运作的风险投资基金偏好投向成长期和扩张期的科技型创新企业，一方面可有效规避风险，获得良好的收益预期，另一方面投资周期较短，资金流动性强，投资效率高。因此，对于科技型创新企业数量较少的地区，纯市场化运作的风险投资市场，很难有效带动科技型创新企业数量上的提升。在这种情况下，在创业投资基金运转的初期，政府需要发挥好资金供给和制度供给两大职能，特别是在市场偏好与国家意愿不一致时，为了引导资金较多投向初创期的科技企业，政府需要承担更多的资金损失风险。

欧美一些研究表明，初创期的科技型创新企业，特别是在种子阶段时，具有非常严重的信息模糊性，创业者正在开发产品或仅仅有较模糊的商业计划，企业的资产主要是专利、创意等无形资产，创业失败的概率在50%以上。由于存在严重的信息不对称和市场不确定性，几乎没有任何风险投资会真正对种子阶段的科技型创新企业进行投资。所以，在科技型创新企业的开创期，最重要的资金来源是企业主自有资金、创业团队成员投资、家庭或朋友的资金以及对创业团队较熟悉的天使投资人。欧美等国采取了鼓励私人实业投资的方式，方便种子阶段的科技型创新企业能够得到这类"内部融资"，其中最重要的鼓励措施即减税。日本除减免税外，还对科技型创新企业采取直接的财政补贴，并对科技型创新企业融资提供政府担保，使种子期的科技型创新企业也能得到银行贷款。同时，政府对科技型创新企业的专利申请费用等也给予一定补贴。

当科技型创新企业依靠"内部融资"和少量天使资金，开始少量生产产品，并取得一些市场推广业绩后，科技型创新企业将制订正式的企业发展规划，吸引天使投资和小型风险投资。在这一阶段，企业发展仍具有较大不确定性，投资风险较大，欧美等国采取了政府承担大部分投资风险的方式，鼓励科技型创新企业发展。

如德国政府与 29 家银行共同发起设立了"德国风险投资公司"，为了更好地支持初创期的中小科技企业，德国政府承诺承担投资损失的 75%。这有效地遏制了市场失灵问题，保证了初创期的优质科技企业获得充足的资金支持。在美国，小型投资公司如果在国家监管下，承诺全部投资都投向初创期的中小科技企业，即可从美国国家科学基金会和国家研究发展经费中，无偿获得三倍于自身资本的资金，与企业自有资本捆绑在一起，投资给初创期中小科技企业。同时，美国对风险投资实行长时期税收优惠政策，风险投资公司最长可以在 8 年时间内，将投资收益与投资损失互相冲抵，从而大幅减少应纳税收益。此外，风险资本盈利的 60% 可免税，剩下的盈利部分只需缴纳所得税，对于投资高新技术企业的，还可享受20% 以上的减税优惠。

事实证明，政府积极分担风险投资市场风险是促进风险投资投向初创型科技型创新企业的关键。由于缺乏政府补偿，20 世纪欧洲的风险投资很少投向高新技术企业，大多集中于日用消费品生产与销售、生产性服务业等领域。2000 年以后，欧洲各国相继出台鼓励风险投资的税收优惠，科技领域的风险投资才得到较快增长。但与美国 70% 以上的风险资金投向高新技术企业的情况相比，欧洲创新型企业得到的风险投资仍偏少，仅占约三分之一市场份额。同时，欧洲投向高新技术领域的风险投资，多数投向了收益预期明确的成长期和扩张期的科技型创新企业，用于支持初创期科技企业的资金极少，这实际上背离了发展风险投资的初衷，欧洲创新型中小企业在初创期既难以在传统金融系统融资，也难以从风险投资得到资金。

在我国，税收具有刚性的特点，地方政府执行国家税法缺乏自主权，但地方可以在所得税等地方税种方面向风险投资提供优惠，包括减少征税环节、降低税率，及允许风险投资公司按数年盈亏相抵后的实际盈利额征税等。同时，政府可以通过提供配套资金的方式，与风险投资公司共同扶持科技型创新企业，当出现风险时，由政府基金承担大部分损失，以此鼓励风险投资对初创型科技型创新企业的扶持。

（二）有效的法律支持系统

自 20 世纪 50 年代起，美国就不断推出有利于企业技术创新的法律法规，如《中小企业投资法》《小企业技术创新法》《联邦技术转移法》，以及《技术扩散法》《专利法》《商标法》《知识产权法》等，形成了涵盖企业技术创新、知识产权保护、技术转让、风险投资等各阶段的完备的法律保护体系，政府有关的信用担保、税收减免等优惠政策，均以法律的形式固定下来，从而保证了优惠政策的稳定性和连续性，为风险投资支持高新技术企业提供了良好的法律保障。政府鼓励、允许、限制、禁止投资的领域和范围，也以法规的形式予以明确，既实现了政府对投资大方向的指导和控制，也避免了过度的投机行为危害整体经济运行。

风险投资行业的显著特点是投资核心技术和产品，如果技术与产品很容易被仿制或假冒，则风险投资就没有任何意义。因此，政府首要的是提供公平的市场环境，特别是完备的专利保护制度。明晰的知识产权界定与保护一直是困扰中国高新技术企业发展的障碍，严重影响风险投资家的积极性，成为制约中国风险投资行业发展的"短板"。

（三）完备的运营机制和畅通的进入退出机制

风险投资具有收益的高度不确定性，因此投资人的经验与判断水平直接决定投资计划的成败。经过几十年的发展与完善，美欧风险投资形成了各具特色的组织形式和运营机制，其中美国的运营机制更加市场化，也更加有效。有限合伙制是美国风险投资企业的主要形式。所谓有限合伙制，是指出资人作为有限合伙人，不直接负责风险投资公司的运营，只是作为风险投资公司的控股股东，进入董事会，通过合同条款约束风险投资公司的实际经营者，并对董事会的重大决策施加影响。风险投资公司的实际经营者作为基本合伙人，几乎不承担出资义务（一般承担出资额的1%），但对风险投资公司的运营承担无限责任，并享受20%以上的投资收益和高额的资本管理费。有限合伙人的主体主要由养老基金、保险、金融机构、企业和个人投资者组成。基本合伙人全部是有经验的风险投资家，具备所投资行业的专业知识和娴熟的资金管理运营技能，并具有较高的冒险精神和追求利润的强烈诉求。这种组织形式较好地解决了资金所有者与资金运营者的责权利关系，经市场验证，是最符合美国市场特点、最有利于盈利的组织形式，从而逐渐成为美国风险投资市场的主流。

资本和专业知识的有效整合，是美国风险投资成功的显著特点。有经验的风险投资家，既懂得所投资领域的专业知识，又有企业运营管理经验，同时熟悉各种金融工具，风险投资公司购买科技型创新企业的股权或股份后，风险投资家深度介入企业经营管理，对科技型创新企业的创业人提供市场指导与风险预警服务，协助企业开拓市场和规避风险。这既有利于初创企业创业成功，也大大提高了风险投资的成功率。

这种风险投资与企业融为一体的发展模式，值得我国科技型创新企业借鉴。在鼓励风险投资发展的政策中，应包含风险投资家引进与培养计划。山东风险投资业面临的突出矛盾是缺乏风险投资领域的专业人才，几乎没有真正意义上的风险投资家。有的风险投资公司，由于投资人素质、管理经验不足，完成初期投资后，对所出资项目后续的经营管理、市场运作无法提供专业的辅导与建议，对未来的市场前景与风险也无法做出预案，加上创业企业的道德风险，使风险投资人对企业实际运作与盈利失去控制，导致投资收益很低或资金损失严重。

畅通的风险投资进入与退出机制，是风险投资能够盈利的根本保障。美国、欧洲的风险投资市场，都是破除市场进入壁垒，允许银行、保险、养老基金等的进入后，实现了风险投资数量的急速增长。因此，我国在风险投资领域的诸多准入限制，也应在符合国情的条件下适当放宽。

在退出机制方面，发达国家风险投资的主要特点是以持有股权或股份的形式，向科技型创新企业注入资金，当科技型创新企业很快成长壮大后，风险投资公司需要将持有的股权或股份在各类市场迅速变现，并进入下一轮的投资运作。美国多层次完备的私人权益资本市场，为各类风险投资提供了通畅的进入和退出渠道。除了股票市场外，美国建立起了完备的金字塔结构的资本市场，为无法上市的科技型创新企业，特别是中小企业的股权与股份并购、回购、转让，提供了顺畅的渠道，保证了风险投资的收益预期。同时，与产权市场配套的生产资料市场、人才市场、金融市场、技术交易市场、债权交易市场、专利权转让市场等比较成熟完善，为风险投资提供了丰富的退出、变现方式。

相对美国，欧洲风险投资的退出壁垒偏高，这与欧洲证券交易市场发展不完备和市场交易不够活跃有关。欧洲风险投资主要靠在产权交易市场出售股权的方式实现退出，另外依次是管理者回购、证券市场首次公开发行新股（IPO）和清算。相对美国的纳斯达克市场，欧洲针对中小科技企业的证券市场发育相对滞后，阻碍了风险投资的有效退出。

二　银行间接融资的核心在于担保等风险分担机制的完善和银行对企业运营的深度介入

（一）丰富的风险分担机制

高新技术企业，特别是初创期的高新技术企业，由于资金小、轻资产，很难满足银行的担保抵押条件。因此，政府信用的介入和资金保障，是鼓励银行资金投向科技型创新企业的关键一环。美国、欧洲等发达资本主义国家，均对科技型创新企业融资提供信用担保。如英国政府的担保计划规定，对于科技型创新企业10万英镑以下的贷款，如果最终企业无法偿还，英国贸工部将以基准利率承担75%的还款责任。美国小企业管理委员会也对科技型创新企业提供信用担保，如果科技型创新企业的贷款在15万美元以下，发生贷款违约时，美国小企业管理委员会下设的担保基金将承担90%的还款义务；如果科技型创新企业贷款额在15万—25万美元，当企业无力偿还贷款时，美国小企业管理委员会下设的担保基金将承担85%的还款义务。

（二）银行应深度介入科技型中小企业运营

对于拥有先进技术和良好市场前景的中小科技型创新企业来说，不同银行等量的资金投入并无差别，但不同银行提供的增值服务却差异巨大，银行介入企业经营的程度也各不相同。银行不仅提供贷款，更重要的是模拟风险投资家，向科技型创新企业提供管理咨询服务，并监督企业运行，预警风险。

以硅谷银行为例，硅谷银行除了拥有大量金融领域的精英外，还组建了专门的科技专家团队，由国内知名的生命科学领域和相关技术领域的专家构成。如果自身缺乏某一领域的专业人才，硅谷银行坚决不予放款。这些专家熟悉专业领域内的前沿技术和市场前景，了解这一行业企业创业的特点、各阶段企业的经营风险以及生产运营状况的特点，能够科学评估企业的价值，正确判断经营风险，既能为硅谷银行放贷提供决策参考，也能利用自身掌握的行业知识和创业经验，为企业提供市场价值评估、经营咨询、市场风险防范、产品市场前景判断等指导服务，在为企业提供资金的同时，帮助企业成长。

同时，硅谷银行向企业提供贷款除要求企业用专利权、知识产权质押外，还要求部分持有企业的股权。这一方面可以保证银行在获得较高的贷款利息收入的同时，分享企业成长红利；另一方面也利于银行深度介入企业运营，并利用银行专家团队对企业经营和风险规避给予指导，这对初创型的中小科技企业，是个有利的帮助与支撑，提高了企业存活的概率。

三 多层次资本市场发展的核心在于成熟的产业基础

美国不仅很早就有股票交易市场，而且私人权益交易市场和各种场外市场非常活跃。这是由美国特定的市场环境和产业环境决定的，其他国家和地区很难模仿。一贯崇尚自由市场经济的美国，对市场限制较少，这客观形成了美国独特的创业文化，各类企业层出不穷，每天有上百家科技型创新企业倒闭，同时又有上百家科技型创新企业创立。在不断的优胜劣汰中，适应市场的新技术、新观念、新制度不断推出，从而给产业发展提供了层出不穷的活力，一批批的优势企业在市场竞争中脱颖而出。具备了一定数量的优秀科技型创新企业，风险投资才有一定数量的投资机会，才能有足够的选择空间。选择空间足够了，风险投资才能操作多个投资组合，从成功的企业中赚取足额利润，用以抵销投资失败造成的损失，从而维持较好的投资业绩。有了相对稳定、预期良好的投资业绩，才能吸引更多的社会投资者注入资金，壮大风险投资规模。也正是由于有了足够多的科技型创新企业，美国才能形成各个层次活跃的中小企业股权交易市场，实现风险投资对科技型创新企业股权的顺利进入与退出。因此，成熟的产业基础是发展多层次资本市场的核心。脱离了产业基础，盲目发展产权市场，只能是有场无市。

打好产业基础，需做好三个方面的配套工作。

（一）自由的创业文化和创业精神是培育创新产业的根本

一位美国记者在《华盛顿邮报》上写了一篇专栏文章《美国人应该真正害怕中国什么》，专门介绍了中关村的车库咖啡以及时常聚集在此创业的人们。文章说，中国最可怕的是年轻人开始走出校园，走向市场，开始创业。因为过去30年美国发展的最大秘密就是资本和科技的结合。

中国科技与资本结合已显现出旺盛的生命力。在中关村诞生的科技公司小米科技有限责任公司，除了几个创业者外，所有员工都是年轻人。谷歌达到20亿美元的销售额花了6年，Facebook花了7年，苹果花了10年，而小米只用了2年。

在山东，资本与科技最适合结合的地方，就是山东大学、青岛大学等高等学府。但是山东由于历史和人文的原因，总体上思想比较中庸、沉稳，缺乏创业的意识和氛围，因此，山东没有诞生像李彦宏、张朝阳、马云等科技型创新企业家。在创业方面，政府可加强引导，营造利于创业的环境，形成强大的舆论支持，并在启动资金、创业环境等方面提供方便与支持，引导山东的青年学生自主创业。同时，充分发挥国家、省级高新区，以及国家科技计划项目和创新基地在促进高校毕业生创业就业中的核心载体作用，提高科技型创新企业吸纳高校毕业生的能力，并强化科技创业孵化服务体系建设。构建创业服务网络系统，提供有针对性的、有效率的创业服务。政府应加强创业基地、科技孵化器等创业集群建设，集聚社会资本，形成创业集群效应，降低创业风险，提高创业成功率。主流媒体加大对科技型创新企业科技产品、创新服务的宣传，帮助科技型、创新型企业拓展市场容量和发展空间。

（二）打造公共科研技术服务平台为创新产业提供技术支持

美国政府虽然极少干预企业和市场运营，但是却不遗余力地为企业和市场发展提供较好的科研平台与环境。在20世纪初，美国就组织国家科研机构大力研究电子设备和无线通信技术，保持了在这些领域的技术领军地位。20世纪50年代，美国4500多个科研机构又重点研究生物科学、空间技术、海洋工程、电子计算机以及新材料、新能源技术、航空航天技术等，之后又在生命工程、医药、超导、信息技术等方面掌握了世界最先进的技术，这些都为美国科技型创新企业的发展提供了强有力的科技支撑。在世界产业格局中，美国占据了技术最领先、利润最丰厚的高科技制高点，欧洲与日韩只能在技术二次加工领域发展一些比较优势，而新兴工业国家则沦为加工基地。丰厚的高新技术资源，为美国科技型创新企业和风险投资提供了领先一步的技术保障。

目前，山东科技型创新企业在技术改造、科技创新中无法获得公共服务平台的支持，缺乏对宏观技术领域的准确把握。因此，政府、高校和科研机构的创新资源应进一步向科技型创新企业开放，有条件的区域可由政府出资购买科研设备，设立公共研发平台，建立科技前沿信息披露制度。创新平台将使科技型创新企业的创业成本大大降低，创业成功率提高，有利于高质量科技型创新企业数量的增加。只有大量的具有高科技含量的研发型或知识融合服务型中小企业迅速成长起来，才能成为区域资本市场的主体，吸引更多的风险投资，活跃产权交易。

（三）完善区域技术市场，增加科技型创新企业资产流动性

打破科研机构、高校、职能部门壁垒和行业壁垒，统一建设全省高新技术项目、科技成果技术市场。技术市场应有清晰的定位，重点倾向信息、生命工程、海洋技术、环保技术、新材料等山东省较有优势的技术领域，突破区域限制，与全国著名院校和科研机构合作，争取做到有几项技术在国内领先。在此基础上，出台优惠政策，广招符合山东发展定位的外地科技项目在种子阶段就来山东的技术平台上挂牌，尽快形成规模优势，从而带动本地科技型创新企业数量尽快增加。只有科技型创新企业数量达到一定规模，技术市场才可能实现较活跃的交易行为。

四　政策性金融的核心在于明晰的市场定位和政府、市场双向的风险补偿

（一）明晰的市场定位化解信息不对称风险

我国银行业反映最突出的问题之一是缺乏专业的评估机构评定科技型创新企业的价值，事实上不可能针对各行各业设立专业的价值评估机构。如何解决银行不了解行业带来的风险？这方面美国硅谷银行进行了有益的市场化实践。

硅谷银行成立之初定位于服务高新技术企业，但并不是所有的高新技术类型企业都有资格成为硅谷银行的客户。只有获得了风险投资支持，并且尚未上市的高新技术企业，才可进入贷款范围。随着贷款企业的增多，硅谷银行再次细化了市场定位，首先将支持重点圈定为生命科学和技术领域的高新技术企业，同时要求贷款企业签订了以知识产权或专利权质押融资的协议。

这种明晰的市场定位帮助硅谷银行较好地解决了科技型创新企业融资中普遍存在的信息不对称问题。首先要求贷款企业签订以知识产权或专利权质押融资协议，保证了贷款企业必须拥有知识产权或专利权，这是科技型创新企业的核心竞争力所在。其次，将扶持重点放在技术和生命科学领域，有助于提高银行对特定行业科技型创新企业的认知水平和服务针对性。银行借助长期专注服务于特定行业的经验，可以大幅提高对这一行业的总体认知与把握，了解特定行业的市场发展和风险特点，有助于更准确地判断这一行业科技型创新企业的价值和市场发展前景，有效避免了银行因不熟悉科技型创新企业所在的行业而带来的判断失误，解决了信息不对称的难题。

在此基础上，硅谷银行再次细化扶持重点，在满足贷款条件的科技企业中进一步筛选新开创的、成长速度快的，但因其他银行不了解行业特点错估为风险较大的优势企业，进行重点扶持。借助这种清晰的发展战略，1983 年成立的硅谷银行，仅 5 年时间就完成了上市，并很快将业务扩展到了美国之外，成为美国进出口银行业务

第一的国际性银行，在全球设立了 30 多处分支机构，被《福布斯》杂志评为美国最好的银行之一。

（二）政策性金融支持科技创新需要政府、市场双向的风险分担与补偿机制

政府层面的补偿可以从日本银行的实践中得到经验。根据日本相关法律，日本政策性投资银行对处于创业发展阶段，同时缺乏传统抵押担保物的高科技企业，可以以专利权和著作权等知识产权作为担保物，向企业提供长期资本供给。为了确保知识产权一定时期内的价值唯一性，日本政府严格监督完善了有利于知识产权担保的外部环境，改造了利于知识产权保护的司法体系。

同时，日本政策性银行内部健全了金融风险防范机制，有效控制了贷款风险。科技型创新企业则加强内部公司治理机制提高资金周转率和企业盈利。在政府、银行机构和科技企业三方共同努力下，日本知识产权担保融资成为解决科技型中小企业融资困难的有效工具。

除政府的努力外，市场化的风险分散机制也必不可少。事实上，政策性金融机构向创新型中小企业提供贷款，由于风险的不确定性，必然出现大量无法回收的贷款，极易形成呆账、坏账。为改变以国家税收冲抵不良贷款的情况，许多国家的政策性金融机构在某种程度上积极向开发性金融模式过渡，即引入一部分商业银行的风险控制手段，但不以追求高回报率为条件，仅期望获得相对较低的投资回报率，并以管理层回购的方式找到投资的退出渠道。

例如，为解决科技型中小企业无形资产难于正确估价、市场前景不易判断等问题，加拿大商业开发银行贷款运作模式变得更加灵活，不再单纯依靠国家的扶持目录，而是根据每一个商业计划的自身价值决定贷款量，辅导创新型中小企业努力管好现金流增加成功机会。同时，加强员工相应领域知识技能的培训，引进生命科学、电子工程、医疗技术、网络信息、计算机硬件等领域的博士及有经验的风险投资家，他们在不断拓展业务的同时把相关市场开发和管理经验介绍给中小企业。由于长期专注于政策性的风险投资，作为

政策性金融机构的加拿大商业开发银行，投资收益反而超过了风险投资业的平均水平，并且为加拿大众多处于早期成长阶段的创新型企业提供了及时有效的金融服务。

在市场化的风险分担方面，硅谷银行积累了成功的经验。在科技企业贷款之初，硅谷银行的硬性要求是企业必须同时得到风险投资的支持。风险投资在美国市场发育较早，风险规避机制成熟。硅谷银行要求企业必须得到风险投资支持后才能申请贷款，等于硅谷银行在客户准入阶段即设立了第一道风险防火墙，硅谷银行的客户都是经过风险投资筛选过的优质客户，在此基础上，硅谷银行再进行二次筛选，这大大提高了客户质量，降低了风险。

发达国家为了扩大科技投资，纷纷建立起相应的政策性银行，成功的实践表明，发展我国科技型政策性金融机构有很强的现实必然性。在1994年的银行商业化改革中，我国先后建立了国家开发银行、农业发展银行、中国进出口银行三家政策性银行，为我国基础设施建设做出了重大贡献。但科技银行由于市场风险相对较高，真正能够实现可持续发展的一个非常重要的前提是能够保证在财务不亏损条件下运行。

从现实条件看，我国金融管制偏紧，金融市场也不如欧美国家活跃，资本市场处于全流通改革的关键时期，股票市场发展缓慢，风险投资因很难在资本市场找到丰富的退出渠道而陷于较谨慎、不活跃的状态。因此，限于制度约束，政策性金融机构应更突出"商业开发服务"，在扶持科技型创新企业由小变大的历程中，不仅提供资金支持，更要提供技术咨询、商业援助、市场网络开发、战略性伙伴联结、人才培训、投资策划、企业战略规划等大量支持性服务。但目前我国金融机构拥有的专门人才仍然相对稀缺，无力为科技型创新企业提供必要的商业发展引导，这是迫切需要解决的问题，否则将陷入中小企业因为经营失败而无力偿还政策性金融机构资金形成不良贷款，政策性金融机构因惧怕贷款风险而导致谨慎高利贷，中小企业融资更加困难而形成的恶性循环。

第八章 有效配置融资资源推动
企业技术创新的对策

在深入剖析融资影响企业技术创新的作用机制以及融资规模、融资效率影响企业技术创新相关结论的基础上，本章结合企业技术创新不同特征、行业以及区域差异提出有效配置融资资源，推动企业技术创新驱动发展的政策建议。

第一节 基本结论

融资是影响企业技术创新的重要因素；企业因具有不同特征，融资需求不尽相同；资源的稀缺性对创新融资资源的有效配置提出了效率要求。

宏观数据检验表明，以银行为主导的金融体系对于技术创新有显著的正面作用。这种作用受到地区产业结构、政府科技支出、经济发展状况以及人力资本等因素的影响，并且影响为负，说明在其他有助于创新的因素下，金融发展对技术创新的影响将会减少。

微观数据检验表明，融资资源对不同区域、不同行业、不同所有制企业技术创新产生的绩效存在差异。间接融资对中部地区的技术创新具有更加显著的正向促进效应。相对于轻工业来说，间接融资对重工业公司的技术创新更明显；银行发达地区的工业企业比非工业企业的各种专利产出更多；民营企业也即非国有企业对间接融资更加敏感，银行支持力度越大，企业的发明专利、实用新型专利、外观设计专利和全部专利产出更多。企业技术创新的融资资源存在优化效率的门槛值，融资对企业技术创新的激励作用呈现非线性变化。

融资效率影响企业技术创新的检验表明，银行竞争度越低，则创新产出越少，也就是说，间接融资效率的提升有助于创新产出增加。同时，分组检验来看，银行竞争对企业技术创新在西部地区和中部地区尤其是中部地区有显著影响。工业企业相比于非工业企业而言，银行越集中，竞争度越小，企业技术创新能力越弱，而工业企业中重工业企业结果更显著。就国有企业而言，企业的技术创新和银行的集中度呈显著负向关系，非国有企业同样具有显著关系，但作用略小于国有企业。

第二节　政策建议

一　充分发挥政府对科技创新融资的支持作用

科技创新活动具有高风险、高资金需求的特点，使科技创新企业尤其是中小型科技创新企业面临严重的融资问题。因此，需要政府从资金和政策两方面加大对科技创新活动的支持。一方面，政府应增加财政科技投入，尤其是增加对重点科技项目的支持力度，同时，财政在增加科技经费的过程中要合理配置研究与转化的资金投入比例，突出重点，促进科技活动开展。另一方面，通过合理和有效落实政府税收优惠政策，发挥政府财政优惠政策对科技创新的激励作用，推动企业技术创新。

二　构建多元化融资体系，完善科技投入机制

首先，银行可在资金和信贷政策上向科技型企业倾斜，比如银行设立科技贷款专项，在信贷规模和信贷优惠上对科技创新行为给予支持和鼓励。在科技贷款总规模中，应专门设立专项政策性贷款，对于部分关系国计民生或溢出效应较大的重大科技成果创新和

转化项目重点支持。其次，可考虑引导设立资本运营基金，鼓励民间资本参与科技创新，为科技创新提供资金支持，并鼓励企业采取专利权入股、质押等形式募集发展基金，增加科技创新的融资渠道和融资规模。最后，建议大力发展风险投资，鼓励金融和风险投资机构介入科技创新，使风险投资真正成为科技创新的"孵化器"。

三 注重金融资源配置和使用效率的提高

不同行业和项目对于创新资金的需求不尽相同，为提高资金使用效率，建议合理配置创新金融资源，对于重点行业、企业和项目给予重点支持，提高创新产出。资金作为企业技术创新的一种投入要素，存在边际效应递减规律，因此，各部门应合理规划金融资源规模，使资金最优化配置，同时发挥金融资金的门槛效应，有效使用资金。地方政府要认清区域发展现状，更好地利用金融体系的推动作用。例如东部沿海地区更应该完善资本市场的改革力度，以满足高风险创新活动的需要，而中部地区则要合理地利用好银行体系，因地制宜，不断为创新活动服务。特别是对于民营企业等银行资金供给不足的部门，应加大资金投入，发挥创新资金效率。针对轻工业缺少抵押物等特点，充分发挥银行以外的其他融资方式的重要作用。

四 促进银行间竞争提升企业融资效率

一是应该增加民营银行的数量。增加了民营银行的数量，将有更多的银行参与到竞争之中，而且民营银行中的管理结构和优势可以促进各大银行优化自身的经营结构，在竞争中走向更有利于企业技术创新的征程。然而民营银行因为银行业的准入门槛过高，其进入金融市场受到诸多限制，因此应该降低民营银行的准入门槛，以使更多的民营银行加入金融业竞争的行列。二是大力发展中小型银行。中小型银行是中小微企业的主要融资来源，而中小微企业是技术创新型企业的主力军，因此大力发展中小型银行有利于中小微企业的融资，进而使其有资金进行企业的技术创新。三是加大不同银行之间产品的差异性，使得银行之间形成垄断竞争的关系，更有利于多方面满足不同企业的融资需求。银行之间的完全竞争很难达到，但是可以通过创新不同的银行金融产品，使得不同银行之间具有一定的差异性，形成一种垄断竞争的关系，而且不同种类的金融产品可以更大程度地满足不同类型企业的融资需求和技术创新需要。四是在全国总体范围内扩大银行竞争的同时，应该更大程度上加大中部地区、工业地区尤其是重工业地区、国有企业密集地的银行竞争力，从而使得银行竞争性对于企业的技术创新能力的作用达到最大化。

第三节　不足与前瞻

本书的研究还存在着一些缺点和不足，有待今后进一步完善和研究。在理论机制探讨中，对融资影响企业技术创新的系统关系剖析的深度不够、涉及面不够全，也缺乏理论模型的支撑。在论证过程中，受限于国内相关数据库较难获得，尤其是企业技术创新融资数据匮乏，导致本书在问题阐述过程中，还存在一定不足。研究主要是从较为宏观层面基于创新金融资源等外源融资的思考，特别是银行机构贷款的分析，并没有就企业技术创新融资资源进行全面分析和系统考究。调研侧重于现实问题的思考与总结分析，并没有就当前山东省融资资源影响企业技术创新能力培育的作用以及贡献度进行计量测度。在以后研究过程中，我们将进一步加大实地调研，尽可能多地获取和借助更多微观层面数据，充实我们的理论研究，并详细考察企业技术创新融资来源、不同渠道融资对企业技术创新的作用大小、融资资源配置效率的提高等问题，使得研究结论更为客观和具有针对性。

参考文献

［美］爱德华·肖：《经济发展中的金融深化》，邵伏军等译，上海三联书店 1988 年版。

安俊、陈志祥：《中国银行业的有效竞争研究》，《财贸经济》2001 年第 8 期。

蔡地、万迪昉、罗进辉：《产权保护、融资约束与民营企业研发投入》，《研究与发展管理》2012 年第 2 期。

蔡竞、董艳：《银行业竞争与企业技术创新——来自中国工业企业的经验证据》，《金融研究》2016 年第 11 期。

蔡宁、吴结兵：《企业集群的竞争优势：资源的结构性整合》，《中国工业经济》2002 年第 7 期。

程华等：《政府科技投入与企业 R&D——实证研究与政策选择》，科学出版社 2009 年版。

戴静、张建华：《金融所有制歧视、所有制结构与创新产出——来自中国地区工业部门的证据》，《金融研究》2013 年第 5 期。

丁文君、庄子银、肖小勇：《发展中国家的实用新型专利与自主创新》，《技术经济》2019 年第 4 期。

段晓华、殷仲民：《融资渠道差异对企业科技创新效率影响研究》，《统计与决策》2013 年第 15 期。

范育涛、费方域：《利率市场化、银行业竞争与银行风险》，《金融论坛》2013 年第 9 期。

方莹、严太华：《中国银行业市场结构的实证分析与综合评价》,《财经理论与实践》2005 年第 2 期。

傅利福、韦倩、魏建:《银行业的集中与竞争:一个分析框架和实证检验》,《经济学家》2015 年第 4 期。

傅利福、魏建、王素素:《金融抑制、银行业结构与银行业竞争》,《金融经济学研究》2014 年第 4 期。

顾夏铭、潘士远:《融资方式与创新:来自我国制造业 R&D 的证据》,《浙江社会科学》2015 年第 7 期。

郭江山:《技术创新与"中等收入"陷阱》,中国社会科学出版社 2016 年版。

过新伟、王曦:《融资约束、现金平滑与企业 R&D 投资——来自中国制造业上市公司的证据》,《经济管理》2011 年第 8 期。

何国华、刘林涛、常鑫鑫:《中国金融结构与企业自主创新的关系研究》,《技术经济》2011 年第 3 期。

何婧、吴朦朦:《银行业市场竞争对企业技术创新的影响研究》,《财经理论与实践》2017 年第 2 期。

胡恒强、范从来、杜晴:《融资结构、融资约束与企业技术创新投入》,《中国经济问题》2020 年第 1 期。

胡金焱:《基于融资模式创新的金融支持新动能产业发展研究》,《理论学刊》2019 年第 3 期。

胡亚茹、陈丹丹、刘震:《融资约束、企业研发投入的周期性与平滑机制——基于企业所有制视角》,《产业经济研究》2018 年第 2 期。

黄兰芳、谢惠芳:《广东科技创新平台现代运行机制的问题与对策研究》,《广东科技》2012 年第 4 期。

黄鹏、张宇:《融资歧视与中国企业的技术创新——基于微观企业数据的 Probit 检验》,《现代财经》2014 年第 8 期。

贾康、刘微、孟艳、孙洁、金荣学:《财政支持中小企业信用担保政策研究》,《金融论坛》2012 年第 4 期。

解维敏、方红星:《金融发展、融资约束与企业研发投入》,

《金融研究》2011 年第 5 期。

康志勇、张杰：《中国金融结构对自主创新能力影响研究》，《统计与决策》2008 年第 19 期。

兰京：《技术创新与融资模式的匹配及其对混合所有制改革的启示》，《经济体制改革》2016 年第 3 期。

李冲、钟昌标：《融资成本差异与企业技术创新：理论分析与实证检验——基于国有企业与民营企业的比较研究》，《科技进步与对策》2015 年第 17 期。

李冲、钟昌标、徐旭：《融资结构与企业技术创新——基于中国上市公司数据的实证分析》，《上海经济研究》2016 年第 7 期。

李汇东、唐跃军、左晶晶：《用自己的钱还是用别人的钱创新？——基于中国上市公司融资结构与公司创新的研究》，《金融研究》2013 年第 2 期。

李强、曾勇：《融资能力与技术创新投资决策：一种实物期权方法》，《系统工程学报》2009 年第 2 期。

李青文：《我国局部外观设计专利保护之必要性探讨》，《电子知识产权》2019 年第 5 期。

李树志：《我国银行业竞争态势的十大变化》，《上海金融》1999 年第 9 期。

李伟、韩立岩：《外资银行进入对我国银行业市场竞争度的影响：基于 Panzar – Rosse 模型的实证研究》，《金融研究》2008 年第 5 期。

李兴江、赵光德：《区域创新资源整合的实现机制和路径选择》，《求实》2008 年第 9 期。

李兴伟：《中关村科技金融创新的举措、问题及对策》，《证券市场导报》2011 年第 1 期。

李萱：《国有商业银行竞争力比较研究》，《金融研究》2000 年第 9 期。

李应博：《科技创新资源配置》，经济科学出版社 2009 年版。

李正风、张成岗：《我国创新体系特点与创新资源整合》，《科学学研究》2005 年第 5 期。

梁莱歆、张焕凤：《高科技上市公司 R&D 投入绩效的实证研究》，《中南大学学报》（社会科学版）2005 年第 11 卷第 2 期。

林毅夫、孙希芳、姜烨：《经济发展中的最优金融结构理论初探》，《经济研究》2009 年第 8 期。

林毅夫、章奇、刘明兴：《金融结构与经济增长：以制造业为例》，《世界经济》2003 年第 1 期。

刘丹鹤、杨舰：《区域科技投入指南与科技资源整合机制》，《科学学与科学技术管理》2007 年第 12 期。

刘家树、范从来：《内外融资对企业不同阶段创新投资的异质性效应——基于中国制造业上市公司的数据》，《商业经济与管理》2019 年第 1 期。

刘降斌、李艳梅：《区域科技型中小企业自主创新金融支持体系研究——基于面板数据单位根和协整的分析》，《金融研究》2008 年第 12 期。

刘尚希、韩凤芹：《科技与经济融合：浙江实践及启示》，《地方财政研究》2012 年第 6 期。

刘廷华：《商业信用对企业技术创新的影响研究》，中国社会科学出版社 2021 年版。

刘星、赵红：《外商直接投资对我国自主创新能力影响的实证研究——基于省级单位的面板数据分析》，《管理世界》2009 年第 6 期。

刘政、陈晓莹、杨先明：《融资多样性对企业技术创新的影响机制研究》，《科技进步与对策》2017 年第 3 期。

罗军：《民营企业融资约束、对外直接投资与技术创新》，《中央财经大学学报》2017 年第 1 期。

罗军：《融资约束与民营企业技术创新类型选择》，《软科学》2018 年第 1 期。

［美］罗纳德·I. 麦金农：《经济市场化的次序——向市场经济过渡时期的金融控制》，周庭煜等译，上海三联书店 1997 年版。

罗珊：《构建广东省科技自主创新投融资体系的思考》，《广东科技》2008 年第 7 期。

马君潞、郭牧炫、李泽广：《银行竞争、代理成本与借款期限结构——来自中国上市公司的经验证据》，《金融研究》2013 年第 4 期。

毛昊、尹志锋、张锦：《中国创新能够摆脱"实用新型专利制度使用陷阱"吗》，《中国工业经济》2018 年第 3 期。

孟艳：《政策性融资：国际经验与中国实践》，经济科学出版社 2013 年版。

闵亮、沈悦：《宏观冲击下的资本结构动态调整——基于融资约束的差异性分析》，《中国工业经济》2011 年第 5 期。

潘锡泉：《科技型小微企业成长的"困"与"解"：金融科技视角》，《当代经济管理》2019 年第 9 期。

彭文平：《金融发展阶段：一个包含金融部门的内生增长模型》，《华南师范大学学报》（社会科学版）2007 年第 3 期。

漆丹：《我国银行业竞争推进制度研究》，《法学评论》2015 年第 2 期。

秦浩源：《科技经费配置管理研究》，博士学位论文，华中科技大学，2009 年，第 15 页。

曲永义：《山东中小企业发展与创新机制研究》，山东人民出版社 2005 年版。

饶扬德：《资源整合提升企业自主创新能力的对策》，《科技管理研究》2006 年第 12 期。

孙灵燕、李荣林：《融资约束限制中国企业出口参与吗?》，《经济学》（季刊）2011 年第 4 期。

孙文杰、沈坤荣：《技术引进与中国企业的自主创新：基于分位数回归模型的经验研究》，《世界经济》2007 年第 11 期。

孙伍琴、朱顺林：《金融发展促进技术创新的效率研究——基于 Malmuquist 指数的分析》，《统计研究》2008 年第 3 期。

孙早、肖利平：《融资结构与企业自主创新——来自中国战略性新兴产业 A 股上市公司的经验证据》，《经济理论与经济管理》2016 年第 3 期。

唐清泉、徐欣：《企业 R&D 投资与内部资金——来自中国上市公司的研究》，《中国会计评论》2010 年第 3 期。

万坤扬：《FDI 对区域不同层次技术创新的知识溢出效应——基于面板数据的空间计量经济学模型》，《技术经济》2011 年第 3 期。

王军、赵为群：《中国银行业市场结构和竞争态势分析》，《改革》1998 年第 1 期。

王卫星、付明家、张佳佳：《融资结构对民营企业技术创新效率的影响研究——基于创业板上市公司的实证检验》，《会计之友》2018 年第 3 期。

王馨：《中国银行业竞争效率分析》，《金融研究》2006 年第 12 期。

王勋、Anders Johansson：《金融抑制与经济结构转型》，《经济研究》2013 年第 1 期。

王珍义、陈璐、李元霞：《金融安排、外源融资与自主创新——基于中部六省的面板数据分析》，《科技进步与对策》2013 年第 2 期。

吴建南、卢攀辉、孟凡蓉：《地方政府对科技资源整合模式的选择与应用分析》，《科学学与科学技术管理》2006 年第 9 期。

吴鹏、康继军、秦佳良、刘程军：《高新技术企业融资方式选择——基于技术创新水平差异的研究》，《科技管理研究》2014 年第 24 期。

肖兴志、王海：《哪种融资渠道能够平滑企业技术创新活动？——基于国企与民企差异检验》，《经济管理》2015 年第 8 期。

［美］约瑟夫·熊彼特：《经济发展理论》，商务印书馆 1991

年版。

徐博：《完善我国自主科技创新的财政金融联动研究》，《内蒙古财经学院学报》2008 年第 5 期。

徐维祥、楼杏丹、余建形：《高新技术产业集群资源整合提升区域创新系统竞争能力的对策研究》，《中国软科学》2005 年第4 期。

杨勇：《广东科技金融发展模式初探》，《科技管理研究》2011年第 10 期。

张海洋：《外国直接投资对我国工业自主创新能力的影响——兼论自主创新的决定因素》，《国际贸易问题》2008 年第 1 期。

张杰：《民营经济的金融困境与融资次序》，《经济研究》2000年第 4 期。

张杰、刘元春、翟福昕、芦哲：《银行歧视、商业信用与企业发展》，《世界经济》2013 年第 9 期。

张杰、芦哲、郑文平、陈志远：《融资约束、融资渠道与企业R&D 投入》，《世界经济》2012 年第 10 期。

张杰、郑文平、新夫：《中国的银行管制放松、结构性竞争和企业技术创新》，《中国工业经济》2017 年第 10 期。

张杰、郑文平、翟福昕：《融资约束影响企业资本劳动比吗？——中国的经验证据》，《经济学》（季刊）2016 年第 3 期。

张捷：《结构转换期的中小企业金融研究》，经济科学出版社2003 年版。

张金清、阚细兵：《银行业竞争能缓解中小企业融资约束吗?》，《经济与管理研究》2018 年第 4 期。

张力：《民营企业融资的制度障碍及对策》，《经济问题》2004年第 4 期。

张文、孙灵燕：《山东省金融支持科技创新的机制、问题与对策研究》，载《山东经济文化社会发展报告（2016）》。

张文钰、孙灵燕：《供需平衡视角下我国金融供给侧结构性改革路径》，《地方财政研究》2019 年第 9 期。

张羽瑶、张冬洋：《商业信用能够提高企业全要素生产率吗？——基于中国企业的融资约束视角》，《财政研究》2019 年第 2 期。

张志敏、俞成森：《金融结构与企业技术创新：基于融资渠道和性质的研究》，《宏观经济研究》2018 年第 8 期。

赵玉林：《创新经济学》，中国经济出版社 2006 年版。

中国人民银行研究局：《中国中小企业金融制度报告》，中信出版社 2005 年版。

钟腾、汪昌云：《金融发展与企业技术创新产出——基于不同融资模式对比视角》，《金融研究》2017 年第 12 期。

周开国、卢允之、杨海生：《融资约束、创新能力与企业协同创新》，《经济研究》2017 年第 7 期。

朱平芳、徐伟民：《政府的科技激励政策对大中型工业企业 R&D 投入及其专利产出的影响》，《经济研究》2003 年第 6 期。

Aghion, P., Howitt, P. and D. Mayer – Foulkes, "The Effect of Financial Development on Convergence：Theory and Evidence", *Quarterly Journal of Economics*, Vol. 120, No. 1, 2005.

Aitken, B. and A. E. Harrison, "Do Domestic Firms Benefit from Foreign Direct Investment? Evidence from Venezuela", *American Economic Review*, Vol. 89, No. 3, 1999.

Ayyagari, M., Demirgüç – Kunt A. and V. Maksimovic, "Formal Versus Informal Finance：Evidence from China", *The World Bank*, *Policy Research Working Paper*, 2008, WPS4465.

Baldwin, J. R., Gaudreault, V. and G. Gellatly, "Financing Innovation in New Small Firms：NewEvidence from Canada", *Analytical Studies Branch Research Paper Series*, Vol. 11, No. 7, 2002, pp. 911 – 914.

Bencivenga, V. R., Smith, B. D. and and R. M. Starr, "Transaction Costs, Technological Choice and Endogenous Growth", *Journal of*

Economic Theory, Vol. 67, No. 1, 1995.

Benfratello, L., Schiantarelli, F. and A. Sembenelli, "Banks and Innovation: Microeconometric Evidence on Italian Firms", *Boston College Working Papers in Economics*, Vol. 90, No. 2, 2007.

Brandt, L., Biesebroeck, J. V. and Y. Zhang, "Creative Accounting or Creative Destruction? Firm – level Productivity Growth in Chinese Manufacturing", *Journal of Development Economics*, Vol. 97, No. 2, 2012.

Brown, J. R., Fazzari, S. M. and B. C. Peterson, "Financing Innovation and Growth: Cash flow, External Cyuity and the 1990s R&D Boom", *Journal of Finance*, Vol. 64, No. 1, 2009.

Caner, M. and B. E. Hansen, "Instrumental Variable Estimation of a Threshold Model", *Econometric Theory*, Vol. 20, No. 5, 2004.

Carpenter, R. and B. Petersen, "Capital market imperfections, High—tech investment, and new equity financing", *Economic Journal*, Vol. 112, No. 477, 2002.

Cetorelli, N. and M. Gambera, "Banking Market Structure, Financial Dependence and Growth: International Evidence from Industry Data", *The Journal of Finance*, Vol. 59, No. 2, 2001.

Colombo, M. and L. Grilli, "Funding Gaps? Access to Bank Loans by High – tech Start – ups", *Small Business Economics*, Vol. 29, No. 1, 2007.

Cull, R. and L. C. Xu, "Institutions, ownership, and finance: the determinants of profit reinvestment among Chinese firms", *Journal of Financial Economics*, Vol. 77, No. 1, 2005.

Czarnitzki, D. and H. Hottenrott, "R&D Investment and Financing Constraints of Small and Medium – sized Firms", *Small Business Economics*, Vol. 36, No. 1, 2011.

Czarnitzki, D., and H. Hottenrott, "R&D Investment and Financing

Constraints of Small andMedium – sized Firms", *Small Business Economics*, Vol. 36, No. 1, 2011.

Davis, L. E. and C. Douglass, *North Institutional Change and American Economic Growth*, Cambridge University Press, 1971.

Diamond, D. W. , "Financial Intermediation and Delegated Monitoring", *Review of Economic Studies*, Vol. 51, 1984.

Dunning, J. H. , *Multinational Enterprises and the Global Economy*, Mass: Addison – Wesley press, 1992.

Elisa U. , "Does internal finance matter for R&D? New evidence from a panel of Italian firms", *Innovation Studies Working Paper*, No. 10, 2007.

Freeman, C. , *Japan: A New National System of Innovation? in G. Dosi et al. Technical Change and Economic Theory*, London Pinter Publishers, 1998.

Freeman, C. , *Technology and Economic Performance: Lessons from Japan*, London Printer Publishers, 1987.

Fryges, H. , Kohn, K. and K. Ullrich, "The interdependence of R&D activity and debt financing of young firms", *IZA Discussion Papers*, No. 6217, 2011.

Ganotakis, P. and J. H. Love, "R&D, Product Innovation, and Exporting: Evidence from UK New Technology Based Firms", *Oxford Economic Papers*, Vol. 63, No. 2, 2011.

Gatti, R. and I. Love, "Does Access to Credit Improve Productivity? Evidence from Bulgaria", *Economics of Transition*, Vol. 16, No. 3, 2008.

Gregory, N. and S. Tenev, "the Financing of Private Enterprise in China", *Finance and Devclopment*, Vol. 38, No. 1, 2001.

Griliches, Z. "Issues in assesing the contribution of research and development to productivity growth", *Bell Journal of Economics*, Vol. 10,

No. 1, 1979.

Guellec, D. and V. Pottelsberghe, "The Impact of Public R&D Expenditure on Business R&D", *Economics of Innovation and New Technology*, Vol. 12, No. 3, 2003.

Hall, B H. and J. Lener, *The financing of R&D and Innovation*, Handbook of the Economics of Innovation. Elsevier – North Holland, 2010.

Harris, R. and M. Trainor, "Capital Subsidies and Their Impact on Total Factor Productivity: Firm – Level Evidence from Northern Ireland", *Journal of Regional Studies*, Vol. 45, No. 1, 2005.

Hmmelberg, C. P. and B. C. Petersen, "R&D and Internal Finance: a Panel Study of Small Firms in Hightech Industries", *The Review of Economics and Statistics*, Vol. 76, No. 1, 1994.

Huang, H. andC. Xu, "Soft Budget Constraint and the Optimal Choices of Research and Development Projects Financing", *Journal of Comparative Economics*, Vol. 26, No. 1, 1998.

Kavien, V. I. and N. I. Schwartez, "Potential rivalry, Monopoly Profits and the Pace of Inventive Activity", *The Review of Economic Studies*, Vol. 45, No. 3, 1978.

Kortum, S. and J. Lerner, "Does Venture Capital Spur Innovation?", Working Paper, Harvard University, 1997.

Lach, S., "Do R&D Subsidies Stimulate or Displace Private R&D, Evidence from Israel", *The Journal of Industrial Economics*, Vol. 50, No. 4, 2002.

Levine, R., "Law, Finance, and economic growth", *Journal of Financial Intermediation*, Vol. 8, No. 1, 1999.

Lutz, S. and O. Talavera, "Do Ukrainian firms benefit from FDI?", *Economics of Planning*, Vol. 37, No. 2, 2004.

Mansfield, E., "Patent and Innovation: An Empirical Study", *Man-*

agement Science, Vol. 32, No. 2, 1986.

Myers, S. C. and N. S. Miajluf, "Corporate Financing and Investment Decisions when Firms have Information that Investors don' t have", *Social Science Electronic Publishing*, Vol. 13, No. 2, 2001.

Nelson. R. R., *National Innovation System: A Comparative Analysis*, Oxford University Press, 1993.

Nucci, F., Pozzolo, A. F. and F. Schivardi, "Is Firm' s Productivity Related to Its Financial Structure? Evidence from Micro economic Data", *Rivista Di Politica Economica*, Vol. 95, No. 1, 2005.

Paul, S., "Technological Choice, Financial Markets and Economic Development", *European Economic Review*, Vol. 36, No. 4, 1992.

Pavitt, K., Robson, M. and J. Townsend, "The size Distribution of Innovating Firms in the UK: 1945 - 1983", *Journal o f Industrial Economics*, Vol. 35, No. 3, 1987.

Petersen, M. A. and R. G. Rajan, "The effect of credit Market Competition on Lending Relationship", *Quarterly Journal of Economics*, Vol. 110, No. 3, 1995.

Petra, M. and V. Alessandra, "Compulsory Licensing: Evidence from the Trading with the Enemy Act", *American Economic Association*, Vol. 102, No. 1, 2012.

Rajan, R. G. and L. Zingales, "Financial Dependence and Growth", *American Economic Review*, Vol. 88, No. 3, 1998.

Raymond, W., *Financial Structure and Development*, Yale University Press, 1996.

Segerstrom, P. S. and J. M. Zolnerek, "The R&D Incentives of Industry Leaders", *International Economic Review*, Vol. 40, No. 3, 1999.

Solow, R. M., "A Contribution to the Theory of Economic Growth", *Quarterly Journal of Economics*, Vol. 70, No. 1, 1956.

Spence, M., "Investment Strategy andGgrowth in a New Market",

Bell Journal of Economics, Vol. 10, No. 1, 1979.

Steaub, S., "Informal Sector: the Credit Market Channel", *Journal of Development Economics*, Vol. 78, No. 2, 2005.

Stigliz, J. and A. Weiss, "Credit Rationing in Market with Imperfect Information", *American Economic Review*, Vol. 71, No. 2, 1981.

Terence, T. C., Lu, L. and O. Steven, "Does Banking Competition Alleviate or Worsen Credit Constraints faced by Small – and medium – sized Enterprises? Evidence from China", *Journal of Banking and Finance*, Vol. 37, No. 9, 2013.

Uesugi, I. and G. M. Yamashiro, "The Relationship between Trade Credit and Loans: Evidence from Small Business in Japan", *International Journal of Business*, Vol. 13, No. 2, 2008.

Yasuda, T., "Firm Growth, Size, Age and Behavior in Japanese Manufacturing", *Small Business Economics*, Vol. 24, No. 1, 2005.

后　记

本书是笔者多年来在融资约束、金融改革与发展等领域持续研究的成果之一，此研究得到了山东社会科学院出版基金、山东社会科学院博士专项项目、山东社会科学院青年科研项目、山东省软科学重点项目"山东省金融支持企业科技创新的效果与政策体系构建研究"（项目编号：2020RZC23004）的支持与资助。

资金是企业创新的重要资源，资源整合与效率优化则是企业持续创新和发展的动力与源泉，因此创新中的融资渠道选择及效率优化的作用举足轻重。对此，本书立足我国创新驱动发展战略的全面实施，基于企业融资需求视角，着眼于企业技术创新中的资金配置效率提升，为培育我国企业创新能力，推进创新驱动发展提供借鉴。具体而言，系统阐述了企业的融资需求和融资影响创新的作用机制，在此基础上，详细检验融资对企业创新的影响，最终提出有效配置融资资源，推动企业创新的针对性对策建议。

整个书稿的完成是笔者多年来对融资约束、金融改革与发展等问题的重要思考和成果呈现，更是一段上下求索的心路历程。书稿的完成离不开各位领导以及良师益友的点拨与帮助。

在此，要特别感谢我在山东社会科学院的领导、同事与朋友们，是他们无微不至的指点与支持，帮助我在科研工作中不断探索前行。特别要感谢山东社会科学院袁红英院长、财政金融研究所张文所长，她们在工作和生活中都给予我莫大的帮助与照顾，使我受益匪浅。感谢温暖又富有活力的财政金融研究所，自己很幸运能与财政金融研究所的每一位同事共同成长、进步。感谢科研管理部领导和同事为本书出版所做的组织协调工作。感谢老领导曲永义院长，有幸遇到无私支持年轻人发展的领导，是我一生的宝贵财富。"经师易遇，人师难遭"，自己无疑是求学治学路上的幸运儿，得遇李平教授、李荣林教授、胡金焱教授、陈海洋教授等诸多恩师指点迷津，教我如何做人、做事、做学问。

此外，感谢山东财经大学李启航博士在本书写作中给予的无私帮助和悉心指导。同时，中国社会科学出版社的李庆红编辑为本书的出版提供了有益意见和重要帮助，在此表示衷心感谢！

最后，感谢所有曾经关心和帮助过我的亲人和朋友，他们的鼓励和支持激励我继续努力、奋勇前行。

在研究过程中，参考和借鉴了许多专业文献，在此向作者致以衷心的感谢！如有疏漏，未在文中加以注明的，在此深表歉意并致谢！

受研究水平及时间所限，书中难免有不当之处，敬请专家、学者和读者提出批评意见和宝贵建议。

孙灵燕

2021 年 9 月于山东社会科学院